High performers never waste their time

仕事の速い人が
絶対やらない
時間の使い方

理央 周
Meguru Rioh

日本実業出版社

「なにをやめるか」を決めるだけで「仕事の速い人」になれる――はじめに

「毎日残業で、タクシー帰りもしばしば。もっと早く家に帰りたい」

「仕事に追われ、自分の時間がとれない」

「周囲の人よりも長時間働いているのに、思ったような成果が出ない」

本書は、こうした現状を変えたいと思っている人のために執筆しました。

時間は有限であるという事実は、みんなに共通するものですから、短い時間で圧倒的な成果を生み出す「仕事の速い人」のほうが、長い時間をかけても思うような成果が出ない「仕事の遅い人」よりも多くのことを成し遂げられることになります。


私は、トヨタ系列の日系企業に就職し、入社3年目に外資系企業のフィリップモリスに初めて転職して以来、アマゾンやマスターカードなど10社を経験しました。

それらの職場で、多くの優秀な人と働くなかで学んだことは、仕事には、こなすことが目的の「作業」と、価値を生みだすことが目的の「価業」の二つがあるということです。大事にしなくてはいけないのは、もちろん「価業」です。

仕事の遅い人は、「作業」に追われ、仕事をしたつもりになっていることが多いと言えます。一方、仕事の速い人は、「作業」はどんどん効率化して時間を短縮し、そのぶん、成果につながる「価業」を充実させる時間の使い方をしているのです。

過ぎ去った時間は二度と戻ってきません。

ヒト・モノ・カネ・情報と同様に、時間も重要な経営資源です。市場の変化の流れが激化、高速化している現在、どのように戦略を立てて、どのように経営資源を投入するかによって、企業の業績は大きく変化します。

これは個人の人生においてもあてはまります。二度と戻ってこない、貴重な「人生の経営資源」である時間をどのようなことに使うかによって、成果が大きく変化します。「時間の使い方」しだいで、より有意義な人生を過ごせるようになります。

戦略を立てるときの最大のポイントは「捨てる」ことにあります。言いかえれば、「なにをやめて、なにをやるか」を決めることにあります。

現状を変えようとするとき、多くの人は新たになにかを始めようとします。しかし、「時間は有限である」という事実は、どんな名経営者であっても変えられません。

「なにをやめて、なにをやるか」を考えて時間を使うことが、現状を変えるための最短ルートとなるのです。したがって時間を有効に使うには「やるべきことを明確にする」ことから始めなければなりません。

この本では、時間を有効に使うための「仕事の考え方と進め方」について、「なにをやめて、なにをやるか」を、NGとOKの対比で紹介し、読者のみなさんにすぐに実践してもらえるように、構成を工夫しました。

この本を手にとってくださったあなたが、「人生の経営資源」のなかで最も貴重である時間を有効に使い、あなたでなければできない「価業」で成果をあげることを願っています。そして、仕事だけではなく、人生が豊かになる時間の使い方のヒントを見つけてくれれば、それ以上にうれしいことはありません。

さあ、『仕事の速い人が絶対やらない時間の使い方』を見ていきましょう。

2016年2月

理央《りおう》　周《めぐる》

第1章 最速で成果を生みだす「時間の使い方」

第2章 速さは「段取り」で決まる

第3章

「メール」に時間をかけすぎない

第4章

「会議・打ち合わせ」の生産性を高める

第5章 「資料作成」は必要以上に時間をかけない

ブックデザイン　小口翔平＋喜來詩織（tobufune）
編集協力　佐藤友美
カバーイラスト　海道建太
本文DTP　一企画

第1章

最速で成果を生みだす「時間の使い方」

01

残業をして「仕事をしたつもり」にならない

仕事が速い人は、残業をしただけで「仕事をした気」になることはありません。仕事とは、過程ではなく、成果を求められるものだと知っているからです。

もし、「あの人、いつも会社にいるけれど、そのわりには成果が出ていないよね」と言われてしまうのであれば、残業している意味はありません。

「残業自慢」「寝てない自慢」は仕事ができない証拠？

毎晩のように終電近くまで仕事をして、「ああ、今月もこんなに残業をした」「ずいぶんがんばった」と充実感に浸ってしまっていませんか。あるいは、ついつい周囲の人に「寝てない自慢」をしてしまうことはないでしょうか。

これらにあてはまる人は、**「仕事をしたつもり」になっている可能性**があります。

一概には言えませんが、日本の企業には「長く働くことが美徳」「上司よりも早く帰れない空気がある」ところが多いようです。

もちろん残業して成果が出るのであればそれでいいのですが、「今日はがんばった！」と、時間の長さや疲労感で満足してしまっているのであれば、それはビジネスの本質からずれています。

仕事は「時間」ではなく「成果」で評価されるもの

私は大学を卒業してすぐ日本の企業で勤めたあと、外資系の企業を何社か経験しました。最初に入社した外資系企業のフィリップモリスでは、多くの人が17時、18時には退社し、20時を過ぎると会社に残っている人はほとんどいませんでした。

外資系の企業の多くは、成果主義です。給料も年俸制なので、どんなに残業をしても年収は変わりませんし、逆にどんなに残業しても成果が出なければ降格になったりクビになったりすることもあります。

そのような環境では、働いている人たちはできるだけ短い時間で成果をあげようとします。そして残業をするかわりに、効率化して生みだした時間をプライベートの充実や、勉強などの自分のための投資に使うのです。

もちろん、日本の企業より外資系の企業のやり方がいいと言うつもりはありません。ですが、短い時間で同じ成果が出せるのであれば、それにこしたことはないでしょう。なにより、**仕事は「達成するまでにかかった時間」ではなく、「成果」で評価されるものだと肝に銘じる**ことが大事です。

残業時間を自分への投資に使う

私自身も、フィリップモリスにいたときには時間の使い方を徹底的に工夫し、残業をしないかわりにその時間でグロービスというビジネスの学校に通っていました。

私はマーケティングの単科コースをとったのですが、そこには銀行マンや、商社マン、製造業の人など、いろいろな業種の人がいて、実践的なビジネスについて勉強しました。

私は広告や宣伝が専門なので、売るための予算を組もうとします。でも、銀行の人は「そのお金はどこから持ってくるんですか?」と質問し、商社の人は「調達はどうする予定ですか？」と私とは違う目線でつっこんできます。私とは異なるものの見方は、ずっと会社にいて残業ばかりしていたら、気づくことができなかった視点でした。このときの経験は、その後何十年も、私のビジネスでの糧になっています。

さらには、そのスクールに通ったことで、留学してＭＢＡをとることを考え始めました。その留学準備も、やはり残業しない時間で生まれた時間をあてていました。外語学校にも通い、その後、念願のスクールでＭＢＡを取得しました。このどれもが「残業をしない」ことで得た時間を投資したためにできたことです。

プライベートの充実こそ、人生の豊かさ

もちろん、ビジネススクールに通ったり、仕事のための投資にまわしたりするだけが時間の使い方ではありません。

私が初めて勤めた中央発條という会社には、とても仕事が速く、とんでもなく「デキる人」がいました。私にとって初めて出会った「尊敬すべき上司」でした。

私だけではなく、彼の周りにいる多くの人が、彼に憧れ尊敬していました。彼がそれだけ信頼を集めていたのは、単に仕事ぶりが優秀だったからではありません。

彼が魅力的だったのは、休日に部下を誘って遊びに連れて行ってくれたり、家に呼んで奥さんの手料理を食べさせてくれたりと、オフタイムがとても充実していることも、その理由の一つでした。

残業、残業で仕事に疲れてボロボロになっている自分に比べて、なんてかっこいいんだろうと思う人でした。彼に出会えたからこそ、私は、仕事だけではない、人生の豊かさを手に入れたいと思ったのかもしれません。今では私自身も料理やガーデニング、妻や友人たちとの外食の時間も大切にしています。**仕事だけではなく、プライベートが充実していることは、自分の人生を豊かにしてくれる**のです。

NG

長期間の残業が続くなら？

「仕事をしたつもり」の残業をやめる

仕事は「長い時間働くこと」ではなく「成果を出すこと」が目的です。その残業をする必要はあるのか、そもそも残業しなくてはいけなくなっている理由はなにかを考えましょう。

OK

残業せずに「成果」を出し、時間を投資にまわす

残業せずに仕事を終えられるようになれば、その時間を自分への投資にまわせます。必ずしもビジネスに関連する必要はありません。趣味やプライベートの時間を充実させるのもよいでしょう。

02

スケジュール帳に「アポイントのない日」を確保する

自分が「価業」のための時間をきちんと確保できているかどうかは、スケジュールを確認すればすぐにわかります。スケジュールが、アポイントでぎっしり埋まっている人は要注意です。

仕事とは成果を出すことが最終目的です。価値を生みだす「価業」の時間を大事にしなくてはいけないのに、スケジュールがぎっしりの人は、その時間を十分にとれていない可能性があります。**「予定ぎっしり」であることに満足してはいけない**のです。

スケジュール帳は一か月分を俯瞰して「余白」を作る

新しい価値を生みだす仕事は、5分、10分でできる仕事ではありません。

私の場合、クライアントの来期のマーケティング戦略や、自分の書籍のテーマを練るときなどは、まとまった時間が必要です。そのような「価業」に専念するときは、外に出る用事は一切つくらず、集中して取り組む必要があります。それなのに、クライアントとのアポイントや、出版社との打ち合わせだけでスケジュールが真っ黒になっているようでは、価値のある仕事を生みだすための時間がとれません。

できれば週に二日、最低でも週に一日は、アポをまったく入れずに、集中して「価業」に取り組む時間を確保し、「作業」だけに追われないようにしましょう。

そのためにも、その日の予定だけではなく、一週間、一か月を俯瞰してスケジュール帳を確認する習慣をつけることが大事です。一か月分を俯瞰し、「カレンダーが黒く埋まりすぎていないか」、つまり予定が入りすぎていないかをチェックすることが重要なのです。また、週末や月末に、次の週（次の月）のスケジュールを俯瞰して確認することには、予定の失念やダブルブッキングなどにも、早く気づくことができるという効用もあり一石二鳥です。

外出の予定はできるだけまとめて時間を確保する

アポをまったく入れずに、落ち着いて「価業」に取り組む日を作ろうと思うと、必然的に、アポが入っている日には、まとめて予定を入れることになります。

たとえば、クライアントから打ち合わせの日程調整をするときに、いくつか候補があるとしましょう。そういうときは、なんの予定もない日ではなく、もともと予定のある日の別の時間に打ち合わせを入れるようにしましょう。

スケジュール帳で、空白になっている日には、できるだけスケジュールを入れないようにしていけば、価業のための時間をとりやすくなります。

もし、人とのアポイントを優先してしまい、自分が落ち着いて考える時間や、価値を生みだす時間をとるのを忘れてしまいがちであれば、「自分とのアポイント」をとるようにしてください。

私の場合、スケジュール帳に「マーケティング戦略を考える」「次回書籍の企画を練る」など、自分自身との約束をとりつけています。その時間をスケジュール帳の中でブロックしておけば、そこに後から予定が入ることを防げます。やむを得ない場合をのぞいて、そこでブロックしたスケジュールは動かさないように意識しましょう。

定期的に予定を確認し、しっかりと価業の時間を確保するようにしてください。

成果を出す人のスケジュール帳は？

NG

スケジュール帳をアポイントでぎっしりにするのをやめる

「忙しいこと＝仕事ができること」ではありません。ぎっしりつまったスケジュールでは、「価業」のための時間がとれないと自覚しましょう。

OK

スケジュール帳に「空白の日」をつくり価業の時間を確保する

仕事が速い人は、週に何回か、まとまった「価業」のための時間を確保しています。アポイントにも余裕を持ち、遅刻しないことはもちろんのこと、ビジネスチャンスも逃しません。

03 「時間の見積もり」なしに仕事しない

「この仕事はどのぐらいの時間でできる？」

「今日は何時ぐらいに仕事が終わる？」

これらの質問に、仕事の遅い人は「やってみないとわかりません」などと曖昧に答えるのに対し、仕事の速い人は「10日の正午まではお見せできます」「今日は18時には会社を出られるよ」と明確に答えます。

この違いが生まれる理由の一つはＴｏＤｏリストの書き方にあります。

ＴｏＤｏリストは「期限」だけでなく「所要時間」も入れる

仕事の速い人は、ダラダラなんとなく仕事をすることはありません。どの作業にどれくらいの時間がかかりそうか、見積もりを立てています。金銭の見積もりがないと物事が動かないように、時間の見積もりをしないようでは効率的な仕事はできません。

仕事をするときには、きちんとＴｏＤｏリストを書くようにしてください。ただし、**「やるべきこと」しか書いていないＴｏＤｏリストでは不十分**です。

まず大事なのは、**「いつまでにやるか」の期限をはっきり書いておく**ことです。締め切りのない仕事は、どうしても後回しにしてしまうのが人間の性です。

もし、期限が曖昧でなかなか進まない仕事があるのだとしたら、その仕事の関係者に会う日程を決めてしまいましょう。期限を切ることではじめて、仕事に優先順位がつき、今まで進まなかった作業も前に進むのです。

くわえて、**仕事の速い人は、ＴｏＤｏリストに、所要時間の見積もりを一緒に書いています。**たとえば、「10日締切、資料最終チェック（30分）」などと書き込んでいるのです。こうしておけば、時間をどのように使っているかを把握できるようになり、その差異の原因を分析して、次に活かすことができれば、時間と仕事をうまくコントロールできるようになります。

ＴｏＤｏリストは、デジタルで管理しても、手書き（アナログ）で管理しても自分に合ったものであればどちらでもいいでしょう。予定のヌケモレなどをダブルチェックできるように、デジタル、アナログを併用するのも一つの手です。

予備時間があれば「突発的な仕事」にも対応できる

客先のトラブルや上司からの急な依頼など、ビジネスに「突発的な仕事」はつきものです。こうした想定外の仕事が入ってくると、仕事の見積もりを立てていない人は「時間管理」が破綻してしまい、結局深夜まで残業したり、休日に出勤したり、仕事を持ち帰ることになったりしてしまいます。

仕事の速い人は、毎日1時間ぐらいの予備時間をとって、こうした突発的な仕事にも対応できるようにスケジュールを立てています。「すべてがうまくいっている前提だったら間に合う」と考えるのではなく、「なにかトラブルがあったとしても間に合う」ようにしているのです。

このような**予備時間をしっかり確保できるのは、それぞれのＴｏＤｏにかかる所要時間の見積もりがしっかりできているから**です。

仕事のスピードの差は、ＴｏＤｏリストにも現れます。「期限」はもちろんのこと「所要時間」も明記するようにしましょう。それによって予備時間を確保し、突発的な仕事にも対応できる余裕が生まれます。

「ToDoリスト」で大切なことは?

NG

期限と所要時間のないToDoリストをやめる

まずは、「記憶」に頼らずに、ToDoリストに「記録」するようにしましょう。ただ「やるべきこと＝タスク」だけを書くだけでは不十分です。

OK

ToDoリストには期限と所要時間を必ず入れる

期限と所要時間をToDoリストに書き込んでおけば、上司からのスケジュールの確認にスムーズに答えられたり、突発的な仕事に対応する余裕が生まれたりします。

04

得意・苦手で仕事の順番を決めない

ＴｏＤｏリストを作成したら、どの仕事を、どの順番でいつやるか、優先順位をしっかりとつけるようにしましょう。

「好きなこと」よりも「やるべきこと」から手をつける

会社員時代に、成果があがっていない人たちの問題点を分析したみたところ、「得意（好き）なこと」から手をつけているケースが多いことがわかりました。

それ以来私は成果をあげられていないことに悩む人には、まず「得意なこと」ではなく「やるべきこと」からスタートするべきだといつもアドバイスしています。

「得意（好き）なこと／苦手（嫌い）なこと×やるべきこと／後でいいこと」の二つの軸で整理をすると、ほとんどの人はまず「得意・やるべきこと（Ａ）」から手をつ

● 好きなことを「後回し」にする ●

	得意（好き）なこと	苦手（嫌い）なこと
すぐやるべきこと	A	B
後でいいこと	C	D

仕事の遅い人　A→C→B→D
普 通 の 人　A→B→C→D
仕事の速い人　B→A→D→C

けます。その後、「苦手・やるべきこと（B）」をやるのであればまだいいのですが、「得意・後でいいこと（C）」に手をつけてしまう人が多いのです。

得意な仕事を優先する人は、気づくとBが溜まってしまいます。締め切りギリギリにようやく重い腰をあげて手をつけようとしたときに、突発的な仕事が舞い込んできて、結局間に合わないとあわてることになってしまうのです。

仕事の速い人はBから手をつけます。AとBはどちらも「やるべきこと」ですが、自分が得意なAの仕事は気分よくやれるので、見積もりの時間どおりに短時間で効率よくできるケースが多いからです。最初に苦手なBを片づけておけば、その分、心に余裕もできます。

苦手な仕事には一度手をつけてみる

嫌いなことからまず手をつけたほうがいい理由はもう一つあります。**得意なことに比べて苦手なことをやるときには、人に聞いたり調べたりしなくてはいけないこともあり、予想した以上に時間をとられることが多い**のです。あまり経験のない分野の仕事であれば、そもそもどれくらいの時間がかかるか、わからないこともあります。つまり、見積もりが狂いやすくなります。

苦手な仕事や経験の少ない仕事を放置しておくと、いざ、ギリギリで手をつけたときに「こんなに時間がかかると思わなかった！」とあわてることになります。それを防ぐためにも、**苦手な仕事をやることになった瞬間に、まず一度手をつけてみる**ことが重要です。少しだけでも手をつけておけば、だいたいどれくらいの時間がかかるか、予想できます。これだけで、時間の見積もりが大きくズレることがなくなります。

最初から完璧に仕事を終わらせる必要はありません。一度手をつけておけば、その後、締め切りまでの間に人からアドバイスをもらったり、仕事の精度を高めるためのリサーチをすることができます。

仕事に着手する順番は？

NG

得意な仕事から手をつけるのをやめる

「得意（好き）な仕事」は、どんなときに手をつけても一定のクオリティを保てるもの。それより先に「苦手（嫌い）な仕事」に手をつけましょう。

OK

苦手な仕事から手をつけて、時間を見積もる

苦手な仕事を先に手をつけると、時間を読み違えることが減り、突発的な仕事が入ってきてもあわてなくてすみます。

05

始業前5分には1時間の価値がある

仕事の速い人は、一日の時間を効率的に使っています。午後に一度作業効率が落ちることを前提に考え、コンディションのよい午前中の時間を「価業」にあてているのです。

朝イチの「ゴールデンタイム」にメインの仕事を終わらせる

9時始業の会社で、いつも9時ギリギリに出社しているとしたら要注意です。始業前の5分は、午前中の仕事の効率を左右するとても大事な時間なのに、ギリギリに出社している人は午前中の時間をうまく使えていない可能性が高いからです。

私が初めて転職した外資系企業のフィリップモリスは、遅くとも20時には、ほとんどの人がいなくなってしまうような会社でした。しかし、残業する人がほとんどいない会社でも、朝は誰もが定時より早く出勤していました。

それは、**電話もかかってこない、打ち合わせもない、始業前の時間が一番仕事の効率が高いゴールデンタイム**であることを、みんなが知っていたからです。

机についてすぐにトップスピードで仕事をできる人はなかなかいないでしょう。車に例えれば、出勤後すぐはまだエンジンが温まっていない状態です。

仕事が速い人は、始業時間直後からバリバリと仕事をこなします。通勤中に、その日の時間をどう使うか、仕事の予定を改めて考え、彼らは会社に着く前から脳のウォーミングアップをしています。そのうえで、自分のデスクに5分前に着席していれば、始業時にはすぐにアクセルを踏み込める状態になっているのです。

私の場合、会社に着いたらすぐにメールをチェックし、返信できるものには返信して**作業を終えてしまったら、できるだけ早く「価業」にうつる**ようにしています。

午前中に「作業」にあてる時間は長くても30分です。そこでエンジンが全開になったとわかったら、すぐに「価業」にうつります。具体的にはクライアントへの提案を考えたり、新しい企画を練ったりするのは、午前中の頭が冴えている時間にやってしまうのです。インターネットをオフにして、メールを受信しないようにすることも効果的です。午前中にその日のメインの仕事を終わらせるのが理想的です。

早めに集中力のピークを持ってくる

どんなに優秀な人でも、一日中トップスピードで質の高い仕事ができるわけではありません。たいていの人は、ランチタイムの後の午後の時間は眠くなったり、作業効率が落ちたりしてしまうでしょう。

そう考えると、いかに午前中の早い時間帯にピークの状態（つまり「ノッてくる」状態）まで持っていくかが重要になります。早い時間にピークを持ってくればくるほど、コンディションのよい午前中に多くの仕事ができるからです。**その日のメインの仕事を午前中に終わらせるくらいのつもりで仕事に取り組むのがよい**でしょう。

このことからも、5分前にデスクについて、始業時にエンジンが全開になっている状態にしておく重要性がわかると思います。始業前の5分には1時間の価値があるのです。

始業前にやっておくべきことは？

NG

定時ギリギリに
出社するのをやめる

ギリギリに出社する人は、エンジンがかかるまでに時間がかかり、結果的にコンディションがよい午前中の時間を効率よく使えなくなります。

OK

始業前にエンジンを温め
ゴールデンタイムを使い切る

仕事が速い人は、定時にはすでに仕事にとりかかっています。そのため早いタイミングでトップスピードになり、午前中を有効に使えるのです。

06

「すき間時間」は絶好の作業タイム

仕事が速い人は、例外なく「すき間時間」を有効に使っています。その秘訣は、いつでも「すき間時間用の仕事」を用意していることにあります。

5分、10分の「すき間時間」を有効に使う

すき間時間とは、5分、10分の細切れの時間のことです。仕事と仕事の合間の時間、ホームで電車を待っている時間、エレベーターを待っている時間、もしくは次のアポイントまでの5分などを、私は「すき間時間」としてとらえています。

こうしたすき間時間を有効に使いましょう。すき間時間にやるべきなのは「作業」です。たとえば名刺整理やその日の経費精算、書類整理など、**ちょっとした時間にできる「作業」を日頃からメモなどでストックしておく**といいでしょう。

すき間時間にできる作業には、スマホ向きの作業と、パソコン向きの作業がありま す。たとえば、SNSやメールのチェックなどは、スマホでやってもパソコンでやっても大差ない作業ですが、こみ入ったメールの返信やエクセル入力などは、パソコンで作業するほうが効率よくできます。

たとえば私は、すき間時間を使ってエクセルに交換した名刺の、重要項目のみを書き写して管理しています。今は便利なアプリがいろいろありますが、私がエクセルを使っている理由は、分析がしやすいからです。名刺に書かれた情報だけではなく、いつどこでどのような接触をしたか、誰にどんなDMを送ったかなどを追加して記録することで、重要度を分析することができるからです。さらにアナログで管理できない人の「検索」もエクセルでは可能です。このような作業も、わざわざ時間をとってまとめてやるのではなく、細切れのすき間時間にやるのがいいでしょう。

5分、10分の「すき間時間用の作業」を持って出かける

スマホが普及し、すき間時間用の仕事を携帯できるようになりました。ぼーっとしている時間を減らし、すき間時間で仕事を終えましょう。

私にとっては、ライン、フェイスブック、ツイッター、インスタグラム、ユーチューブなどSNSでの発信も仕事の一部ですが、そのための時間をわざわざ確保しません。メールやラインの返信はもちろん、フェイスブックのコメントやツイッターのリプライにもすべて返信していますが、すべて「すき間時間」を使います。

そして、先に書いたようなラインやメールのチェックや、フェイスブックやツイッターのコメントの返信もスマホですませてしまいます。

電車が来るまでのほんの5分で、なにができるのかと疑問に思うかもしれません。でも、たとえばラインに返信したり、フェイスブックのコメントに対して「いいね」をつけて返信したりする作業は、ものの10秒くらいでできるものです。5分のすき間時間があれば、かなりの返信ができます。このようなすき間時間が一日に何度かあれば、わざわざSNSの返信用の時間をとらなくてもよくなります。すき間時間をぼーっと過ごすときに比べて、ずいぶん時間の貯金ができるわけです。

逆に言うと、15分以上のまとまった時間がとれる場合は、それはもう「すき間時間」ではありません。そういう時間は本を読んだり、新聞を読んだりする時間にあてます。次の項でくわしく紹介しましょう。

すき間時間を活用するためには？

NG

5分、10分のすき間時間にぼーっとするのをやめる

無自覚でいると、好きなことややりたいことだけをしてただ浪費してしまうすき間時間も、一日何度もあれば十分大きな時間になります。まずはぼーっとしている無自覚のすき間時間がないかどうか、チェックしましょう。

OK

すき間時間用の「作業」をリストアップしておく

仕事が速い人は、移動時間中のすき間時間、オフィスでのすき間時間用の「作業」をとっておくものです。移動中はスマホ向き、オフィスではパソコン向きのすき間時間用の「作業」を用意しておきましょう。

07 電車の中でSNSを見ない

本や新聞を読む時間がとれないことに悩んでいませんか。もしそうなら、通勤や移動などで電車に乗っているときに、スマホでSNSのチェックしたりゲームで遊んだりするのを、今すぐやめましょう。

15分以上の「まとまった時間」は本や新聞を読む

仕事の速い人は、電車の中でスマホをいじって無為に過ごすことはありません。それは、電車に乗っている時間が、15分以上のまとまった時間がとれる貴重な時間だと知っているからです。

電車に乗っている時間が15分以上あるなら、自分の情報を増やすインプットのための時間として使うのがおすすめです。目的なくSNSなどを徘徊しているとあっという間に15分程度は過ぎてしまいます。これはもったいない時間の使い方です。

15分でも30分でも、電車に乗っている時間を自分の価値を高めるためのインプットに有効利用できたら、一年でその量は膨大になります。**一日10分、年間240営業日で単純計算したら、年間で40時間**になります。私の知り合いの中には、電車の中で無目的にスマホをさわるのをやめただけで、毎日一冊本が読めるようになった人もいるくらいです。15分あればずいぶん読み進められることがわかると思います。

もちろん、電子書籍のリーダーとして、スマホを使うのは問題ありません。ただ、その場合でもSNSの通知機能（メッセージやリプライが届いたときに、自動的に画面に表示される機能）はオフにして、読書に集中できるようにしましょう。通知機能にいちいち反応していては、せっかくのまとまった時間が細切れになってしまいます。

読むのは必ずしも本や新聞にかぎらなくてもいいでしょう。私自身は本を読むのも好きですが、漫画雑誌も大好きです。以前、横浜の自宅から渋谷の職場に通っていたときは、毎日東横線に30分乗っていました。その30分は必ず読書の時間にしていたのですが、往復合わせて、毎週10回ある電車に乗っている時間のうち、3回は『ビックコミック』か『ビックコミックオリジナル』か『モーニング』を読んでいました。

朝はとくに、漫画が脳のウォーミングアップに役立っていたように思います。

有益な情報は「興味のないところ」にある

今ではニュースアプリやまとめサイトなどがあるので、それらを利用する人たちも多いようです。しかし、私は情報収集する手段としては、ネットではなく紙の新聞で記事を読むこと、しかも一面から順に読むことをおすすめします。

確かにネットはとても便利で、自分の興味のある分野の記事にすぐ行き当たるし、一つの事象に対して複数の記事を読み比べできるので、一見、紙の新聞を読むよりもずっと効率的に思えます。しかし、**仕事での成長のきっかけや新しい発見は、意外と「自分が知らないところから入ってきた情報」の中にあることが多い**ものです。

ネットだけで情報を収集していると自分の興味がある情報だけしか入ってこないため、視野がせまくなってしまう危険性があります。その点、新聞は「自分の興味順」ではなく「社会的に重要なものから順番」にまとめられており、プロである第三者の意志が入った媒体です。そこでたまたま出会う記事に、あなたの仕事にとって重要な情報が転がっている可能性は十分あります。

情報のインプットは、一朝一夕でできるものではなく、日頃の積み重ねがモノを言います。「まとまった時間」は、質の高い情報を入手することに活用しましょう。

本を読む時間がないなら？

NG

スマホでSNSのチェックやゲームをするのをやめる

スマホでのSNSをチェックや情報収集は、ビジネスのヒントになる要素は少ないもの。どうしてもチェックしたいときはすき間時間を使い、まとまった時間はインプットの時間にあてましょう。

OK

15分以上電車に乗るなら書籍や新聞を読む

毎日必ず発生する通勤時間は、情報収集に使う意識を。インプットのための媒体（本や新聞など）をつねに携帯しておきます。

08

デスクの上を散らかさない

仕事が速い人の机は、例外なく整頓されています。デスクのモノが整理されている人は、頭の中も整理整頓されているものです。

モノ探しをすると「集中力」が切れてしまう

デスクが散らかっている人は、いつもモノを探していて、貴重な時間をムダにしているだけではなく、その探している姿自体もみっともないものです。上司に資料を出すように求められたときに、「ちょっと待ってください」と言ってゴソゴソと探し、必要なモノがすぐ出てこないようでは、信頼度を下げてしまいます。

それだけではありません。**デスクが整理されていないことで起こるより大きな問題は、集中力がとぎれてしまうこと**にあります。

たとえば、参考資料を読んでいるときにふせんが見つからず、デスクでそれを探したとしましょう。このたった数分の行為で、集中力は一気に途切れてしまいます。せっかく浮かんだアイデアも消えてしまうかもしれません。

単にモノを探す時間をロスしていることが問題なのではなく、モノを探している間に**トップギアまで入っていたスピードが落ちてしまい、もう一度加速し直さなくてはいけないことが大きなロス**なのです。

ドラッカーの説く「体系的な廃棄」とは？

デスクが散らかっている人は、モノを片づけようとします。しかし、「片づけなくてはいけない」と考えるのは実は間違っていて、そもそもムダなモノが多いから散らかっているのです。これを根本治療しないことには、問題は解決しません。極端に言うと、必要なモノだけが机に出ているのであれば、散らかっていてもいいのです。

整理整頓するのではなく、捨てること。これをドラッカーは「体系的な廃棄」と呼んでいます。組織を活性化させイノベーションを起こすためには、ムダなぜい肉を削ぎ落として環境に順応しなくてはいけないとドラッカーは提唱しました。物理的な「モノ」だけではなく、サービスや商品、営業手法なども廃棄の対象になりますが、ここではわかりやすくモノの捨て方にあてはめて話をすすめましょう。

ドラッカーの言う体系的廃棄には、次の三つのプロセスがあります。

①今、あるものをないと仮定します

②そして、今からでもそのものを手に入れるかどうかを考えます

③仮に「手に入れなくてもいい」と判断したら、そのモノは即刻廃棄します

このプロセスにのっとって、デスクの上のモノを「整理」するのではなく、「廃棄」してみてください。

仕事が速い人は、帰宅するときは机の上になにもない状態になっていることが多いものです。毎日はむずかしくても、せめて週末には机の上をキレイにして、リセットする習慣をつけましょう。

自分なりの「捨てる基準」を持っておく

清掃会社を経営している友人が言うには、服は三年、本は一年で賞味期限が切れるのだそうです。三年着なかった服や一年読まなかった本は、もうその人にとって腐っ

た過去のものなのだと言い切ります。このように、**モノを捨てる基準を持つと判断に迷わなくてすみます。**

私の場合はデータがあるものは、必要になったら改めてプリントアウトすればいいだけなので、基本的に捨てるようにしています。「いつか使うかもしれない大切な書類」も、そのデータを誰かが持っていることも大半ですし、実は見返すことがほとんどないことも多いので、一定期間保管して捨てることをおすすめします。

放っておくと、仕事に関連するモノはどんどん増えていくものです。**自分なりのルールを決めて「片づけるのではなく捨てる」**を意識しましょう。

データ整理は「ファイル名」のつけ方を工夫する

物理的なデスクだけではなく、パソコンのデスクトップも同様です。使いたいファイルを探すのに何分もかかっている人はいませんか？　それもやはり、仕事のスピードにブレーキをかけてしまう原因になります。

私のパソコンのデスクトップには、ほとんどなにも置いていません。必要なデータはすべてセキュリティを施したうえで、クラウドに保存してあります。デスクトップにフォルダがあるとパソコンが重くなり操作に時間がかかるので、デスクトップをキレイにすることも、結果的には時間を短縮することにつながります。

ファイルやフォルダを検索しやすくするためには、**ファイル名のつけ方も工夫**しておきましょう。ただ「○○資料」などと名前をつけるのではなく、日付とセットで名前をつけておくと、あとで検索しやすくなります。

たとえば2016年1月30日の会議に使った資料であれば、**「160130_○○資料」**などとしておけば、会議の日程と資料名と両方から検索できます。

さらに、資料を作った時系列がファイル名だけで一目瞭然なので、新しい資料と古い資料を混同するようなミスも防げます。同じ日に何度もやりとりしたり更新したりする人は、時系列にくわえて、「ver1.0」などとバージョンを明記すればよいでしょう。

ファイル名には**「★○○資料」**と★をつけると、ファイル名順で並べ替えるときに一番上に出てきます。日常的に使うファイルに★をつけるのも探す手間の省略と時間の短縮につながります。

体系的な廃棄はなにも机の上だけとは限りません。パソコンやネットワーク内でのフォルダやサブフォルダも使用しなくなったら、どんどん削除しましょう。それによって、自分がやるべき仕事に集中できる環境を整えることにつながります。

集中できる環境を整えるには？

NG

机やPCのデスクトップに不要なモノを置くのをやめる

「モノを探すこと」は、その時間自体のロスだけではなく、集中力のロス、信頼のロスなども生むことを肝に銘じて。

OK

週末には「体系的な廃棄」を行なって整理する

デスクが整頓されている人は、つねに不要なモノを体系的に廃棄できているということ。新しいアイデアやイノベーションも生まれやすい環境で仕事をしていると言えます。

09

出張時は早めに準備して予定をまとめる

出張は時間と費用のかかるものですから、時間の使い方がとくに大事です。出張が入ったときは、できるだけ早めにほかのアポをとり、効率よく用事をすませましょう。

出張時には予定を固めて効率よく

私は現在名古屋に住んでいて、月に一度か二度、東京出張が入ります。東京に行くときには、できるだけ多くのアポを入れるようにしています。東京まで行くのに、予定が一つだけというのは、移動時間の大きさに対してもったいないので、できる限り予定をまとめるのです。

出張のスケジュールを立てるときには、移動の動線と結びつけて考えます。コアになる重要な予定は決まっているでしょうから、その予定の前後の動線を考えて、近い場所同士のアポをできるだけ固めてとるのです。その場合も、予定と予定の間の余裕時間として移動時間プラス30分とります。

「なぜかスムーズにアポがとれる人」になるコツ

出張のときは時間が限られているので、先方もこちらの都合に合わせてくれる場合が多いものです。

しかし、そういうときほど、**自分の都合を相手に押しつけずに、相手の都合を考えながらアポをとることが重要**です。数日前に突然アポをとろうとするのは避けましょう。直前のアポになるほど、先方の都合もつきにくくなるので、出張が決まった瞬間に、できるだけまとめてアポをとってしまうのです。

仕事をしていると「なぜかこの人のアポは、毎回スムーズに決まるな」という人がいるものです。それは、偶然なのではなく、その人が相手のスケジュールのことに気をかけて、できるだけ早くアポをとっているからです。

つねにそのような配慮をしてくれる人には、なにかあったときは無理をきいてあげたいと思うのが人間というものです。出張のように、相手が気をつかってくれるタイミングでこそ、ふだんどおり無理のないアポを心がけましょう。

出張前は、スケジュールもバタバタすることが多いものです。出張が控えているときは、ふだんよりも前倒しに仕事を終えるなど、スケジュールを俯瞰して余裕を持った進行をしておきましょう。出張のときの忘れ物をなくすために、出張セットを作ってまとめておくのも、時間のムダをなくす一つの手です。

毎回違うホテルに宿泊する理由

私は、出張のときは毎回違うホテルに泊まります。毎回、朝イチのアポに一番近いホテルをとるようにしているからです。さらに、マーケティングの仕事をしているので、少しでも多くのホテルを経験して、それぞれのサービスを比べてみたいと思っているためでもあります。

時間のムダも減らしながら、マーケティングの参考にもなります。出張では、できるだけ多くの情報に触れるように意識するのがいいでしょう。

上手な出張の予定の立て方は？

NG

バタバタとアポを直前にとるのをやめる

直前のアポでは、会いたい人に都合の良い時間で会える確率も低くなります。全体を考えずに単発でアポを考えてはいけません。コアな予定が決まったら、すぐにそれ以外のアポをとりましょう。

OK

出張が決まったら重要なアポは早めに固める

核になる重要なアポを早めにとることができれば、自分にとってムダのないスケジュールを組むことができます。出張中は先方も無理をきいてくれやすい環境ですが、都合を押しつけずにアポをとるのが先々のためです。

column 1

時間の使い方に思いやりを持つ

会社が社外に情報を発信することを「エクスターナル・マーケティング」といいます。それに対して、社員に向けて発信する「インターナル・マーケティング」といいます。後者は、社内のコミュニケーションを円滑にするためのマーケティング活動ととらえれば、わかりやすいと思います。

この考え方は、個人の時間の使い方にも応用できるものです。時間の使い方には、依頼や段取りなど、周囲の人を巻き込むコミュニケーションの要素も多分に含まれます。同じ一緒に仕事をするのであれば、お互いに気持ちよく楽しく仕事を進められたほうがいいでしょう。

このときのポイントは、自分の時間の使い方だけでなく、周囲の人の時間の使い方にも配慮することです。周囲の人も動きやすくなることは間違いありません。そうすれば、一緒に仕事をしやすい人と周囲に思われ、信頼を集めやすくなります。

仕事の速い人は、自分本位の仕事の進め方をしません。どのように仕事を依頼すれば相手が動きやすいか、どんな形で相手にバトンを渡せばより気持ちよく動いてもらえるかなどを、明確に意識して仕事を進めています。

「その時間の使い方に思いやりがあるか？」

これを自身に問いかけるだけで、仕事のスピードはもちろん、生産性は飛躍的に上がるはずです。

第2章

速さは「段取り」で決まる

10 全体像を把握しないと段取りはできない

仕事の速い人とそうでない人の違いは「段取り」のスキルにあります。段取りとは、順番や手順のことを指し、その語源は、歌舞伎の舞台用語にあるそうです。「段」とは芝居の一幕のことで、芝居の流れや構成の運びを「段取り」と言ったことから、うまくことが運ぶための手順として使われるようになりました。

料理と仕事の質は「段取り」で決まる

段取りをつけるために一番重要なのは、最初に全体を見渡し、そのうえで今の仕事の最適化を考えることです。段取りこそが仕事のスピードと質を左右します。

旅行するときに、目的地があるからこそ効率的なルートと移動手段を検討できるのと同様に、**ビジネスでも全体像を把握できて初めて、効率的に仕事ができます。**

私は料理を作るのが大好きなのですが、仕事の段取りは、料理の段取りにとてもよく似ています。料理をするときのことを思い浮かべてみてください。

たとえば、ご飯とお味噌汁とおかずを一品ずつ出すとします。それらが最適のタイミングで食卓に出るためには、完成から逆算して調理の順番を考える必要があります。手際のいい人は、最初にお米をといで準備をし、おかずの下ごしらえをしてからお湯をわかし、出汁をとっている間にお味噌汁の具材を切り、沸騰したらすぐにそれを入れられるようにしよう……などと、全体の時間を計算してできるだけロスのない段取りを考えています。

逆に、手際の悪い人は、ある程度調理が進んだときに、「あれ、お味噌が切れていた。買いに行かなきゃ」と気づいたりして、余計な時間がかかってしまいます。これでは、おいしい料理を予定していた時間までに作ることはできません。

「全体像」から「目の前の仕事」を逆算する

料理の例でもわかるように、段取りは、完成形からプロセスを逆算して考えなければいけないものです。「おいしい料理を予定していた時間までに作ること」は、ビジネスでいうと「高いクオリティの成果物を納期までに作ること」にあたります。

まず大切なのは、「全体像＝完成形」を把握することです。**全体像とは、「いつまでに、なにを、どうすればよいか」という大きなゴールのこと**です。そのゴールに到達するために、「いつまでに、なにをすると一番よいか」という小さなゴールを考えると、段取りもうまくいきます。この大きなゴール（全体）と小さなゴール（部分）の最適化こそが、段取りのカギです。

私の知人が、ある書籍の原稿を送ったところ、担当編集者から一章分の修正依頼が戻ってきました。彼女がその依頼どおりに、文章に修正を加えていったところ、その作業をしている間に「二章を読んだら、やっぱり一章のここも修正したほうがよいと思って」と、どんどん追加の依頼がきたそうなのです。

知人にしてみれば、修正した端から新たな修正依頼がきて、ずいぶんな二度手間になったことでしょう。これは、全体像が見えていない例です。全体最適（一冊のいい本を期日までに作る）を把握したうえで、部分最適（一章の修正指示をする）を考えれば、このようなロスはなかったはずです。

まずは全体像を把握し、そこから逆算してどのようなプロセスで進めれば、スピードと効率が上がるかを、事前にしっかりと考えるようにしましょう。

仕事の「速度」と「質」をあげるには？

NG

「目の前の仕事」だけを順番にこなすのをやめる

全体を見ず、自分の仕事だけしか考えていないと、自分の仕事のパーツにとっては最適であっても、全体にとってはよい成果にならない場合があります（＝部分最適になってしまう）。

OK

「全体像」を把握しつつ「目の前の仕事」を段取りする

仕事が速い人はつねに最終成果を考えています。まず全体最適を把握して、そのゴールに向かうための部分最適を考える順番で段取りします（＝全体最適で考えられる）。

11

「後工程」を考えてバトンを上手に渡す

段取りをつける際には、全体像を把握することにくわえてもう一つ、大切なことがあります。それは「後工程《あとこうてい》」を考えることです。

「後工程」とは、自分がした仕事を受け取る相手（次の工程の人）のことを言います。**仕事が速い人は、後工程の人が作業しやすいように考えて仕事をしています。**これが、結果的に全体のスピードアップにつながります。

仕事のスピードは「バトンの渡し方」で決まる

仕事とはリレーのようなもので、次の走者にバトンをうまく渡せるように意識すれば、全体のスピードは自ずと上がっていきます。一方、バトンを落とすようなことがあれば失速してしまいます。そこで**バトンの渡し方を工夫する**ことが求められます。

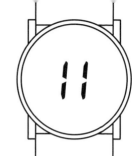

たとえば、流れ作業で折り紙をしているときに、後工程の人が左利きだとしたら、その人が次の作業がしやすい方向に紙を渡してあげるだけで、効率があがります。そうすると、全体の効率もあがり、最終的にはその作業全体をスピーディに終えることができます。これが「後工程を考える」ということです。

私は過去にトヨタ系列の会社で、自動車のバネの生産管理の部署にいたことがあります。バネができるまでにはいくつもの工程があり、作業自体は機械が行ないますが、一つの工程と次の工程を橋渡しするのは人間の仕事です。そのときに、後工程の人が仕事しやすい状態で引き渡しできるかが、生産性にとって大きな差になります。

後工程のことを考えない人が、少しだけ遠い場所にバネを置いたとしましょう。「AからBに持っていく作業」に1秒かかったとして、その日2000個のバネを移動させたら2000秒、つまり30分近い時間のロスになります。このロスは、結果的に、全体の仕事の遅れになります。

また、**後工程の人のことを考えずに仕事をしてしまうと、相手に迷惑をかけて作業効率が落ちるだけではなく、ときには「やり直ししてください」と仕事が戻ってきてしまう**こともあります。

たとえばある書類を提出するとしましょう。後工程の人が受け取れるファイル形式で送らなければ、結局「形式を変えて再送してください」と突き戻されてしまうこともあります。仕事が速く、段取りが上手な人は、後工程のことをイメージしながら仕事をするので、このようなミスをしません。

人に頼む仕事を先に段取りする

仕事を進めるときは、まず「人に依頼する仕事」から先に手をつけましょう。

どんなに早く自分の仕事が終わったとしても、後工程への依頼が遅くなって、その仕事が終わるまで納品できないのであれば、期日に間に合わなくなってしまいます。まず人に依頼する仕事を先に進め、その後で自分の仕事を進めるほうが、結果的に全体のスピードも速くなりますし、不測の事態にも対処できるようになります。

「A社の鈴木さんから資料が来ないので」などと言う人がいますが、これは言いわけだと思われても仕方ありません。もっと早めに依頼していれば、そのような事態にならなかったかもしれないからです。

そう考えると、**後工程の人にできるだけ早く仕事をお願いし、長い時間を使ってもらう段取りをする**ことは最大のポイントと言えます。その場合は無理なく仕事ができるスケジュールで仕事を手渡しましょう。

金曜日の夕方に連絡して、「月曜の朝イチまでにお願いします」などという仕事の仕方は、後工程の人に「土日も休まず仕事をしてね」と言っているのも同然です。

後工程の人に無理をさせてしまうことは、そのときだけの付き合いはできても、長期的な信頼を築くことができません。たとえお金を支払う側だったとしても、配慮を忘れてはなりません。**つねに、自分の仕事を受け取る人の立場を考えながら手順やスケジュールを考えることが、仕事の速い人の段取り**です。

仕事が速い人の口グセは「ご予定ください」

もしあなたが忙しい上司になかなか時間をとってもらえないのだとしたら、「予定させる」ことができていない可能性があります。

いつも自分の仕事が終わったタイミングで「ちょっと、これを見てください」などとお願いする人がいます。そうではなく、「明後日には資料があがりますので、チェックの時間をご予定していただけませんか？」とひと言伝えておくだけで、上司は予定が立てやすくなります。

仕事が速い人は、人に予定をさせるスキルが高い人です。自分だけではなく、後工程の仕事のしやすさまで意識を払っています。

仕事の依頼を明確にして時間を短縮する

企業でマーケティングの責任者をしていたときは、よく広告代理店に広告を作ってもらう依頼をしていました。

あるとき、私の部下が代理店が提案してきた広告案を見て、「A社は全然ダメですね。こちらのターゲットと訴求要素が全然わかっていない」などと言ったことがあります。しかし、それはA社だけの責任ではなく、こちら側の情報提供にも問題がありました。ターゲットや訴求要素が後工程の広告代理店に伝わっていないために質が悪いのだとしたら、依頼した私たちの表現がわかりにくかったと考えるべきです。

後工程の仕事のしやすさとスピードは、どこまで相手に具体的かつ明確に依頼できているかにかかってきます。もし、後工程の仕事が遅い、意図からズレているなどのトラブルがよくある場合は、相手ではなく、自分の仕事の進め方を見直す必要もあるかもしれません。

上手に仕事のバトンを渡すコツは？

NG

後工程を無視して自分の都合だけで仕事をするのをやめる

全体を見ずに自分の仕事の都合だけを考えていると、その瞬間はよくても、全体の仕事の効率は落ちていることがあるので注意。

OK

後工程の人がやりやすいように配慮する

後工程を想像することで、結果的に仕事も早く終わります。ここでも、全体最適→部分最適の考え方が重要。

12

「初めての仕事」は自分一人で進めない

初めての仕事は経験がないので、全体像を把握して段取りをするのがむずかしいこともあります。そんなときには、自分の力だけでなんとかしようと思わずに、周りの人たちから情報を集め、仕事を進める方向性を考えてから仕事をスタートしましょう。

上司や先輩の「集合知」を上手に使う

昔から「三人寄れば文殊の知恵」などと言いますが、人が集まることによって得られる知見を「集合知」と言います。この集合知によって生み出されるものを、最近の言葉では「コ・クリエーション」なども言います。初めての仕事に向き合うときは、この**「集合知」を上手に使えば、仕事のクオリティとスピードが格段にアップ**します。

見当もつかない新しい仕事にやみくもに手をつけるよりも、的を絞ってからリサーチをしたり、提案を考えたほうが、高い成果に結びつくものです。

これは、初めて会議の議事録をとるように言われた、初めて会議の司会を任されたなどの社内での業務にも同じことが言えます。

自分ひとりで議事録のフォーマットや司会進行の方法を考えるのではなく、上司や先輩、前任者のアドバイスを聞くことで、大幅に時間が短縮できます。そのうえで、改善点やオリジナリティを出したい部分を考えるといいでしょう。

過去のやり方を知っている上司や先輩のアドバイスを取り入れることも、「集合知」の立派な利用法の一つです。

もちろん、自分で考える前になんでも「答えを教えてください」と言うのはよくありません。しかし、大事なのは「作業」ではなく「価値を生む仕事」に時間をかけることです。議事録のフォーマットを作るのに何時間もかけるくらいなら、先輩からフォーマットをもらい、なぜこのフォーマットになっているのかを考え、より効果的な記録方法を考える「価業」に時間をかけるほうがよいでしょう。

会社に集合知がなければ足で「一次情報」を集める

会社にとって「初めての仕事」をやるときにも情報を集めます。

基本的に、経営やマーケティングにおいて分析すべき情報は、①お客様、②自社、③競合、の三つです。これらの情報は、データやメディアによる二次情報だけではなく、自分自身の足を使ってできるだけ一次情報を集めるのがよいでしょう。

私は過去にラッキーストライクのメンソールという、それまでなかった新製品のタバコを作る担当者をしていました。当時は仕事帰りに毎晩のようにタバコ店に通い、ラッキーストライクとその競合であるマルボロを買う人たちの違いを観察しました。夜中になるとそのままクラブやディスコに行き、ラッキーストライクを吸う顧客の特徴を観察しました。すると、ラッキーストライクを吸う人は、どちらかというと一人できたり、こだわりの強いファッションをしたりしている。マルボロを吸う人は大勢でクラブに来る傾向にあることなどがわかりました。これらは実際に足を運ばないとわからなかった違いですし、その後の広告戦略を考えるときにもとても役立ちました。

新しい仕事に取り組むときは、人の力を借りてできるだけ早く「作業」を終え、仕事の成果につながる「価業」に時間を使いましょう。

初めての仕事をうまくやるには？

NG

自分の力だけでなんとかしようとするのをやめる

初めての仕事で進むべき方向の見当がつかないときは、自分一人で考えるのではなく、知見のある人の力を借りましょう。

OK

周囲の知見を上手に取り入れながらスタートする

仕事が速い人は集合知を上手に使います。もちろん、なんでもかんでも「教えてもらう」という姿勢では進歩しません。情報をうまく仕入れて、新しい価値を生む「価業」に知恵を絞りましょう。

13

期日を「前倒し」する シンプルなコツ

仕事を進めるうえで、期限は信頼にかかわるものです。

仕事が速い人は、催促されないのはもちろん、期限を前倒ししてさらに大きな信頼関係を強めます。その秘訣はどこにあるのでしょうか。

仕事の速い人が期限を「前倒し」できる理由

ビジネスにおいて、期限は絶対です。どんなにクオリティが高くても、期日に間に合わなければ、価値は限りなくゼロになると思っていたほうがいいでしょう。

私にとって本書は8冊目の著書ですが、これまで何人かの担当編集者から、「理央さんは期日から前倒しして提出してくれるので助かります」という言葉をもらいました。

著者は、そのコンテンツのプロではありますが、本づくりのプロではありません。もちろん著者として毎回ベストを尽くしますが、本づくりのプロの視点からの指摘やアドバイスが、全体としての完成度を上げることにつながります。つまり、後工程である編集者に、十分に時間をとってもらうことが、最終的に読者に役立つコンテンツを作ることにつながるのです。ギリギリに原稿を渡していては、編集者に、適確なフィードバックをもらうことがむずかしくなってしまうことは大いにありえます。

これは本の執筆だけでなく、ほかの仕事にもあてはまることです。

たとえば、**資料作成を依頼されたら、遅くとも指定された期日の前日には送る**ようにしましょう。そうするためには、自分のなかでの締め切りを、「指定された期日」ではなく、**「指令された期日の数日前」に設定する**ことです。ある程度、期間をとった仕事の場合、「9日」などと時間を指定されないこともあるでしょう。こんなときでも「7日の午前中」には送っておきたいものです。

期限を守ることは大切なのはわかっていても、どうしても間に合わないこともあるでしょう。そんなときには、早めに連絡をして相談をしましょう。心理的に言いづらいのはとてもよくわかりますが、相手の立場から考えてみれば、締め切り当日にモノが届かないよりも、事前に相談してもらったほうがよほど助かります。代案を検討したり、スケジュールの変更を早めに相談できるからです。

期日に間に合わないなら「断る」ことも大事

これは、仕事を頼まれたときも同様です。もし、時間の見積もりを確認して、その仕事を期日までに仕上げられる見込みがないのだったら、断ることも大事です。

「クライアントの仕事を一度断ったら、次のチャンスはないかもしれない」「上司や先輩からの頼みは断りにくい」など、いろいろな理由はあるかもしれません。とくに責任感の強い人は、無理な仕事をふられても引き受けてしまう人もいます。

しかし、**期日になって「やっぱりできませんでした」は最悪**です。結果的にはもっと迷惑をかけてしまいますし、なにより信頼を失ってしまうからです。

こうしたときには、多くの人が、仕事を引き受けるか、引き受けないかの二択で考えがちですが、条件付きで引き受けるという選択肢もありえます。「15日までだったらできますが、それではダメですか?」と期日を変更できる余地があるのか事前に確認したり、「12日でもできますが、もう一人ヘルプを入れてください」などと相談したりしてみるのが有効なこともあります。

あわてずに仕事をするには？

NG

締め切りギリギリに仕上げるのをやめる

後工程のことを考えず、締め切りギリギリのスケジュールで進行していると、トラブルがあって遅れたり、迷惑をかけることが増えます。

OK

指定された期日よりも数日前に前倒しして仕事を後工程に渡す

仕事が速い人は、不測の事態に備えて最初から予備の時間（バッファ）をとっておきます。スケジュールを見える化して、進行に遅れがないかをチェックすることも重要です。

14

「先読み」して不測の事態に対応する

先を読む力は、仕事ができる人、全員に共通するスキルです。仕事が速い人は起こりうる事態とやるべき仕事を予測します。予測ができれば、スピーディに物事を進められる段取りができることを知っているからです。場当たり的に目の前の仕事をこなしているだけでは、仕事のスピードはあげられません。

目の前の仕事から「やるべきこと」を洗い出す

たとえばA社と商談のアポイントがとれたとしたら、その**前後に発生するToDoを洗い出します**。

商談前に準備しておきたいこととしては、「提案アポイント日程の調整」「資料作成準備」「商談の運び方のシミュレーション」などがあげられます。

商談後に会社に戻ってからやることとしては、「お礼のメールとお互いのＴｏＤｏを送っておく」「上司に報告」「報告メールの作成」「商談の振り返り」などがあります。

これら「やるべきこと」をピックアップして、ＴｏＤｏリストやスケジュール帳に書き込んでおくのです。そうすれば、あわてることなく、しっかりと準備をしてのぞむことができ、結果的にスピーディに物事を運ぶことにつながります。

ＮＯを想定し解決策を検討する

ここではさらに「商談の運び方のシミュレーション」について、どうやって先読みするのかを、くわしく見ていきましょう。

たとえば、商談のための資料を完成させたことに、満足してしまうのが普通の人です。一方、仕事が速い人は、プレゼンのための資料を作ったあとに、想定されるすべての質問をシミュレーションします。「こう言われたときは、どう答えよう？」とあらかじめ「先読み」して考えておくことで、成約にたどり着くのです。

仕事が速い人は、先方からのすべてのＮＯを想定してシミュレーションします。そして、ＮＯと言われた場合には、反論や克服ができるＢ案、Ｃ案も用意しておきます。

すべてのNOに対して解決策を提示できれば、商談の成約率はあがります。

当然ながら相手のあることですから、商談で断られることもあります。仕事の速い人は、たとえNOと断られても、その理由を必ず聞きだします。「なぜNOなのか」がわかれば、今後の対策を打つことができるからです。

商談で断られたとき、ただ「断られてしまいました」と会社に戻っているようでは、次の仕事につながりません。同じ断られたとしても「納期がネックになって断られました」「予算がネックになって断られました」と上司に伝えられる人は、次の商談ではそこを改善点したり、代案を出したりしてチャンスをつかめる可能性があります。

80パーセントのYESも想定しておく

ビジネスの場は、つねにYESとNOの二択しかないとは限りません。なにか提案をしたときの回答は「80パーセントYES」や「50パーセントYES」がずいぶん多いはずです。

たとえば100万円の商品を提案したとき、「注文したいけれども、80万円の予算しかない」と言われた場合や、「形と素材はいいと思っているが、色がよくない」など言われた場合などが考えられます。

こうしたケースも先読みして、**どんな解決案を提案できるかをあらかじめ考えておきましょう**。代替案があれば、その商談をまとめることができるかもしれません。

事前に、上司に相談しておけば、値引きをしたり、サービスをしたりすることもできるかもしれません。逆に、そこまで値引きを要求された場合、無理に商談をまとめなくてもいいと上司が指示することもありえます。

先読みをして事前に用意しておけば、50パーセントYESや80パーセントYESも、宿題にせずにその場で「パーフェクトなYES」に変えられることもあるのです。

不測の事態には、目的に立ち戻って対処する

残念ながら、どんなに先読みをしていたとしても、不測の事態は起こるものです。シミュレーションしきれないトラブルが起こったときは、当初の目的に立ち戻って考えるようにしましょう。

たとえば、真夏の会議室で打ち合わせをしている最中に、エアコンが壊れたとします。このときに、あなたならどうしますか？

窓を開ける、扇風機を持ってくる、服を脱ぐ……など、いろいろな意見があるかと思いますが、これらはどれも本質的な解決策ではありません。

本質的な解決策は、当初の目的に立ち戻れば見つかります。

本来、この会議室で行なうべきは「快適な環境で打ち合わせを進める」ことだったはずです。であれば、どうすればいいかはわかりますね。答えは、「エアコンが効いた別の快適な環境の部屋に移りスムーズに会議をする」ことです。

これは、ビジネスの用語で「As-Is To-Be分析」と言います。「To-Be」とは、本来あるべき姿のことです。この、本来あるべき姿（本来の目的）と現状（＝As－Is）のギャップを埋めるために、どうすればいいかと考える方法です。

この場合では「本来あるべき姿」、つまり「快適な会議をする」ためには、現状をどう変えればいいかを考えるのです。

先読みできないような不測の事態が起こったときは、手段に振り回されず、「あるべき姿」にフォーカスしましょう。

「不測の事態」に対応するには？

NG

「一つのプラン」で満足するのをやめる

つねに今の仕事だけにフォーカスしていると、後工程で必要な仕事の準備ができていなかったり、不測の事態に対応できなかったりします。

OK

「NOやトラブル」を予測して別案や対策を考えておく

先の仕事をシミュレーションしていることで、チャンスをものにできたり、トラブルにも適切に対応できます。

15 「振り返り」をしない人は次で損をする

仕事が速い人は、仕事をやりっぱなしにせず、振り返りの時間をとっています。この振り返り次第で、次回以降の仕事のスピードと成果に大きな差がつくからです。

「うまくいった」ことを分析して再現性を生み出す

ＰＤＣＡサイクルという言葉はおなじみでしょう。

Ｐ＝Plan（計画）、Ｄ＝Do（実施）、Ｃ＝Check（検証）、Ａ＝Action（改善）を指します。仕事の振り返りは、このＣとＡに当たります。自分がやった仕事をチェックして、改善点を見つけて次の行動につなげることが重要なのです。

振り返るべきなのは、必ずしも失敗したことだけではありません。日本人はどうしても反省することが得意ですが、うまくいったことを振り返ることも大切です。

プロ野球の名監督・野村克也氏の言葉に「勝ちに不思議な勝ちあり　負けに不思議な負けなし」があります。この言葉は**「不思議な勝ち」**ほど、**しっかり分析をしなくてはならない**と言っているのだと私は理解しています。不思議な勝ちを分析して、その背景にある理由がわかれば、よりよい次の手が打てるので次の勝ちにつなげられ、また**再現性が高められるから**です。それをせずに「勝ってよかった！」と満足していては、一回完結の試合ならまだしも、中長期の勝負の場合は次につながりません。

この考え方はビジネスパーソンにも非常に参考になるものだと思います。

仕事にかかった時間やスケジュールを、毎日振り返る必要はないと私は考えています。大きな単位から、徐々に小さな単位に分けて振り返りをするのがおすすめです。

まずは一年のプランの振り返りです。年末や年度末には、年間プランが適切だったかどうか、具体的には売上目標を、達成できたかどうかを確認します。

さらに、毎月下旬には月間目標やスケジュールが適正だったかがどうかを確認しましょう。もし、スケジュールがつまりすぎだったのであれば、その原因をつきとめて、次の月のプランを立てるときは改善できるように考えなくてはいけません。

月の残業時間は「予定時間を超えてしまった仕事」を知るいい指標です。言ってみれば、**「残業時間＝働き過ぎたロスタイム」なので、そのロスの原因を考えます。**

たとえば資料の修正指示が多いのだとしたら、仕事に手をつける前に相手に確認するようにしようとか、具体的な解決策を考えるのです。

そして、土曜日にはその週の振り返りと来週の準備をします。予定をつめすぎていないか、移動を急がなくてはいけない時間帯はないか。「価業」にあてる時間は確保されているか。この振り返りが、次週からのパフォーマンスをあげてくれるのです。

仕事を振り返るときには、予算（予定）と実績の差をチェックする「予実管理」をします。**多くの人は、予実管理は「予定よりもよければいい」と考えていますが、「予実管理はプラマイゼロが理想」**です。

たとえば4月、5月、6月と、ずっと実績が予算を上回り続けているとします。ずっと目標を達成しているわけだから、単純に喜びがちです。しかし、仕事が速い人は、振り返りをして、ずっと目標値を上回っている要因をつきとめ、この先の目標を上方修正できるのではないかと考えるのです。

自分の思いどおりに物事を進めるスキル、うまくいったことを再現する力は、この振り返りによってこそ強化されていくのです。

中長期的に成果をあげるには？

NG

仕事を「やりっぱなし」にするのをやめる

PDCAサイクルをまわして改善をすることで、仕事の成果はスパイラル的に大きくなっていきます。次の仕事に活かすためにも、今の振り返りを大事にしましょう。

OK

負けも勝ちも分析して次回に活かす

失敗したときの原因分析や改善策を考えるだけではなく、成功したときもその理由を分解します。その振り返りをすることで、成功を再現したり、拡大したりすることができるのです。

16

トラブル処理での達成感を勘違いしない

トラブル対応に追われたときは、気分が高揚しているせいか、妙に達成感を覚えることがあります。しかし、これは「見せかけの達成感」です。仕事の速い人から見れば、そもそもそのトラブルは出会う必要のないものかもしれないからです。

風邪もトラブルも予防が大事

トラブルと風邪は似ているものだと私は考えています。

・Aさん：よく風邪をひき、そのたびに薬で治す
・Bさん：手洗いうがいを徹底したり、体を鍛えたりしていて、風邪をひかない

AさんとBさんのどちらが、より健康的かというと、明らかにBさんです。

この構図はトラブル対応にもそのままあてはまります。トラブルによく合うAさん

と、トラブルに合わないBさんのどちらが、仕事が速いかは一目瞭然です。

トラブルは、仕事のスピードに大きく影響するものです。関係者からの信頼を損ねるものであり、その信頼を回復するには、よほどの対応をしないかぎりはむずかしいものです。さらに、突発的なトラブルは、えてして緊急度が高いものです。そのトラブルに対応するために、ほかの仕事ができなくなることも少なくありません。

仕事の速い人がトラブルに合わないのは、運や要領がいいからではありません。**トラブルが発生しないように、できるだけ早い段階で事前に対処している**からです。この事実を無視してはいけません。

先に紹介したような「後工程への配慮」や「先読みをすること」や「時間に余裕を持つこと」などで多くのトラブルを回避できます。

トラブルを解決する三つのステップ

そうは言っても、トラブルが発生してしまうことはどうしてもあります。トラブルが起こったときに、三つのステップを踏むことになります。最初の二つのステップが対症療法、三つめが、根本治療だと考えられます。

1. まずは状況を把握し、対処法を検討する

解決するためには、まずは状況を正確に把握することが求められます。このときに目の前の状況だけでなく、「ほかにも同様の問題が発生していないか」を確認します。

2. 対処法と解決策を関係者に説明する

状況を把握したら、どのように対処するかを検討します。このときに報告すべき関係者には、しっかりと状況と対策を説明するようにしてください。関係者は不信を募らせているはずなので、対処法を説明すると同時に、少し先回りして、「ほかの箇所は確認しましたが、問題ありませんでした」「この問題が発生しているとしたら、こんな問題が起こりえますので、またご連絡ください」と伝えるのがよいでしょう。これをやらないとトラブルが重なってしまったときに、さらに大きな被害が出てしまいます。

3. 再発防止策を講じる

トラブルを解決したら、どうしたら同様のトラブルが発生しないかを考えます。そのためには根本の原因をしっかりと把握し、対処するようにしてください。

トラブルは自分の仕事力を高めるチャンスです。事前に予防することを怠らず、万が一、発生した場合も冷静に対処し、再発防止策を講じるようにしてください。

トラブル対応に時間がかかるなら？

NG

トラブル発生後に解決して満足するのをやめる

トラブルに対してその場しのぎで対応しただけで、仕事をした気になっていませんか。大事なのは、原因分析と再発防止です。

OK

トラブル発生前に先回りして予防する

仕事が速い人は、そもそもトラブルを発生させないように、先を見越した仕事をします。万が一トラブルが発生したときも、火消しするだけではなく、再発防止方法を考えます。

17 クレーム対応は相手の気持ちを最優先に

トラブルとクレームは似ているようで異なるものです。トラブルは運用上の不具合で生じるものですが、クレームは「人」の感情が伴っているものなので、相手の気持ちを考えながら先まわりして対応することが重要になります。仕事が速い人は、相手だったらどう考えるのか、その気持ちをシミュレーションして解決にあたります。

相手の気持ちを考えてクレーム処理する

クレームというと思い出すことがあります。

以前、通販の会社にいたときに、フリーダイヤルの電話番号の数字の一つを間違えて新聞広告に載せてしまったことがありました。電話はまったく関係のないA社につながってしまいました。

A社は大阪にありました。名古屋にある私たちの会社から行くには時間がかかったので上司に相談をして、大阪にある自社が外注していた会社のコールセンター長にお願いをしてお詫びに行ってもらうことにしたのです。

すると、A社の担当者が「どうしてコールセンターの人が謝りに来るの？　ミスをしたのは御社でしょ？」とますます怒ってしまったのです。私たちは、一刻も早く謝罪したほうがいいと思ったので大阪の人に行ってもらったのですが、その判断が裏目に出ました。

このときのことを思い返すと、いくつもの反省点があります。私たちのほうに100％の落ち度があるクレームに対して「①直接会って謝る。②クレームをもらった案件以外に問題がなかったかを報告して安心してもらう。③今後の対策を伝える」という、基本中の基本を飛ばしてしまったからです。

先に電話をして「私も向かっておりますが、すぐに謝りに行きたいのでセンター長を先に向かわせております」「間違った新聞広告が出たのは一日だけなので、それ以降は修正しております」「すぐに再発防止策を協議します」など、先に説明しておけば、先方の心証をここまで損ねることはなかったでしょう。

クレームに対応するときは、相手の立場から、ひたすらシミュレーションすることが大事だと感じました。

改善策は相手にも提示する

クレームがあったときも、トラブル同様、根本解決をしなくてはいけません。

先ほどの例で言えば、電話番号をチェックする人間を三人に増やすなど、改善策を検討して相手に提示しましょう。

事実関係の認識に齟齬《そご》があったのであれば「御社の意図を私はこのように理解していました」などと、事実にフォーカスして説明をしましょう。決して感情的にならず、事実ベースで話すことが大事です。

いただいたクレームは、貴重な財産です。失敗したことや、改善したほうがよいことは、スタッフ全員で共有することが大切です。これによって、第二、第三のクレームを防ぐことができるのです。

取引先から怒りのクレームがあったら？

NG

言い訳をしたり、平謝りしたりしてすませるのをやめる

最初に言い訳をすると、相手も感情的になります。まずはお詫びをして、その後で事実をもとに説明しましょう。

OK

対応策を先に示して誠実にお詫びする

仕事が速い人は、一つのクレームの背後には、いくつものクレーム予備軍があることを知っています。原因を突き止め、対応策を考えたうえで、真摯にお詫びしましょう。

column 2

時間の使い方がうまくなる最大の秘訣

時間をより効率的に使えるようになるための最大の秘訣は、仕事の速い人と一緒に仕事をすることです。

フィリップモリスではすばらしい二人の女性の先輩に出会いました。一人は「バージニアスリム」、もう一人は「フィリップモリス・スーパーライト」を担当していた女性なのですが、二人とも、それまでのタバコのイメージを一新するようなかっこいいCMを作っていました。

「この人たちには本当にかなわないなあ」といつも思わせられていましたが、私は彼女たちが残業をしている姿は見たことはありません。二人で「今日はどこに飲みに行く？」と相談して、毎晩定時で会社を後にするのをよく見かけたものです。

仕事ができる人は、そのぶん仕事も速くて、プライベートの時間を大事にしているものなのだなと、そのときの二人の先輩から学びました。

彼女たちは時間の使い方について敏感で、周囲に要求する仕事の進め方のレベルも高かったことを覚えています。相手のことを考えずに、自分本位な時間の使い方をするような人には、口を酸っぱくして注意していました。

今思うと、彼女たちと一緒に仕事できたことは、自身の時間管理のスキルを鍛えるうえで、絶好の機会だったと今でも感謝しています。

第3章

「メール」に時間をかけすぎない

18

メールを送って仕事をした気にならない

仕事では「成果」を出すことが求められます。これを前提に考えると、メールは仕事の目的ではなく、手段にすぎないことがわかります。メールの送受信に必要以上の時間をかけて仕事をした気になってはいけません。

メールは「すき間時間」で処理することを基本に

「作業」と「価業」でいうと、メールをすることは「作業」に分類されます。

営業の人がいくらメールをしたところで売上があがるわけではないし、人事の人がメールを送ったからといってすばらしい人材育成プログラムが遂行されるわけではありません。

メールをしただけで仕事をした気分になってしまっている人は、**メールだけではな**

んの成果も生んでいないことを、まず自覚しましょう。

メールの処理の仕方は人それぞれの工夫があると思いますが、仕事が速い人の共通点は、メールを手段と割り切り、できるだけ効率よく処理していることです。

仕事が速い人は、わざわざメールチェックをする時間をとらず、5分、10分のすき間時間を使っている人がほとんどです。

メールが来るたびに自分の仕事を中断するのは効率的ではありません。せっかくの集中力がとぎれてしまい、中断するたびに、冷えてしまったエンジンを温め直さなくてはならないからです。メールボックスを開くのは一日に何回かだけにして、まとまった「価業」に使うための時間の途中で集中力がとぎれないように工夫しましょう。

メールは「24時間以内」に返信する

私の場合は、朝、仕事（価業）を始める前に、脳のウォーミングアップとして、メールチェックをします。

件名をざっと見て、「今日中に返事をしなくてはいけないもの」だけを受信ボックスに残し、メルマガや迷惑メールなどの残りは別フォルダに移動します。そのとき、すぐに返信したほうがよいものは、その場で返信します。返信するために、またメールを開くのは二度手間になるからです。そしてそのあと、夜までメールソフトをシャットダウンします。

一般的に、**ビジネスメールは、24時間以内に返信するのがいい**とされています。二日であればまだしも、三日間もメールに返信がないと「仕事が遅い人」とみなされても仕方ありません。逆に言えば、ふだんは一日に3回メールをチェックしておけば、相手に失礼になることはないはずです。

朝一度メールをチェックしたら、その後は午後のすき間時間に一度メールをチェックし、最後に夕方終業前にチェックをすれば十分です。

本当に緊急の用件であれば、電話がかかってくるか、事前に「この日は頻繁にメールをチェックしてほしい」などの連絡があるでしょうから、一日に何度もメールをチェックする必要はありません。仕事にとって最も大切な成果を生むための時間、つまり「価業」の時間を犠牲にしないようにしましょう。

メールの文面に悩んで、返信までに何日もかかってしまうのは本末転倒です。**もしどう書けばいいか10秒以上悩んでしまうようなら、すぐに同僚にアドバイスをもらってください。**客観的な目線で確認してもらい、その場ですぐ悩みを解決するのです。

すぐに返事できないときは受信したことを先に伝える

メールは開いたと同時に返信するのが効率的です。実際には、資料を確認するのに時間が必要だったり、誰かに確認しなくてはいけない内容があったり、少し考えてからでないと回答できない案件があったりすると、すぐに返信できないものもあります。

そういう場合でも、**仕事が速い人はメールを受け取りっぱなしにせず、メールを受信したことを伝える返信をします。**長々と書く必要はありません。「メールを拝受しました。ご指定の期日までには返事いたします。まずは拝受のお知らせまでで失礼します」と返信するだけでいいのです。

メールは、直接対面や電話と違って、一方的な手段です。「送って終わり」ではなく、返事が来てはじめて、意志が通じるコミュニケーションだと肝に銘じましょう。すぐに返信できないことでも、メールを受け取ったことだけ伝えておけば、相手にとっては「ちゃんと読んだ」ことを確認できる安心材料になります。

なんでもかんでもメールに頼らない

こみ入った話などは、長文のメールを何往復もやりとりするよりも、電話するほうが結果的に短時間で結論にたどり着くことも多いものです。ただし、電話は相手の時間に割り込みする行為だと考える人もいますから、相手の都合のいい時間を聞き、「電話する時間のアポイントをとる」とより丁寧でしょう。

また、**お詫びをするときなどは、メールだけでは失礼**です。急ぎメールでお詫びするにしても、直接会いにいったり、電話したりするのが礼儀と心得てください。

最近はラインやフェイスブックなど、メール以外のコミュニケーションツールも増えてきました。しかし、ＳＮＳのメッセージで仕事の重要なメッセージを送るのは考えものです。

会社によっては文書にパスワードがかかっていて、そもそもＳＮＳでは開けないこともありますし、就業時間にＳＮＳへのアクセスを禁止されている会社もあります。特殊な場合をのぞいて、**仕事のやりとりは会社のメールアドレスに送るのが原則**です。

メールを効率よく活用するコツは？

NG

メールに時間をかけて仕事をした気になるのをやめる

売上や成果を生まないメールを一日に何回もチェックして、必要以上に時間をかけないようにしましょう。できるだけすき間時間を使い、早く返信します。

OK

メールを手段と理解し、効率よく処理する

仕事が速い人は、一日に数度のチェックで、効率よくメールを返信します。すぐに答えられないメールに対しても、受信したことと返事のタイミングを伝えます。

19 「○○会社の△△です」はすぐやめる

仕事が速い人は、件名を読んだだけで内容がわかるようにメールを送ります。メールでも相手が仕事をしやすいように配慮することが、結果的にスピーディに仕事を進めることにつながります。メールを受け取る相手、つまり後工程の人の仕事のしやすさを考えれば、わかりやすいメールを作ることができます。

メールを開かなくても内容がわかるのがベスト

メールの件名に「○○会社の△△です」と書いて送る人がいますが、これはやめたほうがいいでしょう。これでは受け取った相手は、メールを開くまで用件がわからないからです。そもそも、メールの差出人の名前は件名にわざわざ書かなくても、差出人のところで表示されるわけですから、「○○会社の△△です」という件名では、なんの情報も伝えていないことになります。ほかにも**「ご無沙汰しております」**や**「お世話になっております」などのあいさつの件名もやめておきましょう。**これも件名を読むだけでは内容がわからないので、相手にとっては不親切です。

逆に、メールの件名に用件が入っていれば、今すぐ読むべきなのか、あとで読んでも大丈夫な用件かを、メールを開かなくても判断できます。相手にムダな時間を使わせることなく、時間を節約することができます。

たとえば「会議日程の変更について」と具体的に用件が書かれていれば、すぐにメールをチェックしなくてはいけないとわかりますし、「昨夜のパーティのお礼」と書かれていれば急いで返信しなくても大丈夫だとわかります。このように、**名前やあいさつではなく、用件がわかるように件名を書きましょう。**

もし、名前を入れたい場合は、「会議日程の変更について（理央）」「昨夜の会食のお礼（理央）」などと、「用件（名前）」と書けばいいでしょう。

件名に「至急」「重要」と書かない

急いで読んでほしいメールの件名に、「至急」「重要」などと書く人がいます。これは内容の緊急度や重要度を伝えようと考えて、そう書いているのだと思います。しかし、部下に送るような上意下達の指示のメールであればまだしも、外部の人に対して「至急」「重要」などと送るのはおすすめできません。**自分にとって急を要する重要なものであったとしても、それが相手にもあてはまるとはかぎらない**からです。こちらの都合を一方的に押しつけるようなメールは避けてください。

話題が変わったら件名も変える

同じ仕事相手と複数の内容でやりとりをするケースもあると思います。その場合は、用件や話題が変わったときに件名も変えることをおすすめします。

これもやはり後工程の人の仕事のしやすさを考えてみればわかることです。メールは「あの件に関してはどんなやりとりをしただろう?」と、のちのち検索することが多いものです。そのときに検索しやすい件名をつけておいたほうが、相手の手間を減らすことができます。

メールの件名一つで、相手の仕事のしやすさのことを考慮しているかどうかがわかります。件名だけで内容が伝わるように、工夫してつけるようにしてください。

件名で端的に用件を伝えるには？

NG

「理央です」など内容が不明な件名をつけるのをやめる

自分の名前やあいさつ文などを件名にしてしまうと、メールを開くまで用件がわかりません。相手の手間を増やしてしまうことに。

OK

「お打合せのお願い」など内容がわかる件名にする

メールの件名一つとっても、後工程の手間を減らすことができるのが「仕事が速い人」。用件が変わったときは、件名も新たに変えてメールを送りましょう。

20 内容がわかりにくいメールを送らない

仕事の速い人が書くメールは、相手に要求するアクションが明確です。メールを受け取った人が、「いつまでに」「なにを」すればいいのかがはっきり本文に書かれているので、返信しやすいのはもちろん、相手も行動にうつしやすくなります。

メールは結論を先に書く

メールの件名だけでなく、本文に関してもできるだけ端的にわかりやすい文章を心がけましょう。**わかりやすくするためのコツは「結論を先に書く」こと**です。

メールを手紙の延長だと考えているためか、最初に時候のあいさつをし、次に近況伺いをし、メールした理由を細々と書き、最後の最後でやっと相手になにをお願いしたいのかを書く人がいます。手紙のやりとりであればまだしも、一刻を争うビジネスシーンでのメールでは、宛名のあとに、すぐに用件に入っても失礼にはあたりません。結論を最初に書き、その後に詳細を書くことが原則です。

日本人は欧米人に比べ、結論を最後に話しがちだとよく言われますが、ビジネスの場では「結論（コンクルージョン）ファースト」が鉄則です。時間は重要な経営資源ですから、**最初に全体の方向性を示してから、説明するのがいい**でしょう。「お打ち合わせをお願いしたく、ご連絡差し上げました」「新規案件をお願いしたく、ご連絡差し上げました」などと書けば、相手はメールの用件をすぐにつかみやすくなります。

「知ってもらう」のか「行動してもらう」のかを明確にする

広告用語に「コグニティブ」と「アフェクティブ」という言葉があります。これは広告の目的を示す言葉です。

「コグニティブ」とは、知ってもらう、理解してもらうという意味です。たとえば「新しい商品が出ました」ということを知ってもらうための広告は「コグニティブ」広告です。一方、「アフェクティブ」とは、行動してもらうという意味です。「新しい商品が出たので、○○という店に買いに来てください」と、行動を促すのが「アフェクティブ」広告です。

メールも同様にこの「知ってもらう」メールなのか、相手に「行動してもらう」メールなのかをはっきりさせることが大事です。

たとえば、お礼のメールや業務報告メールなど、単に内容を相手に「知ってもらう」だけでいい場合は「ご多用のことと存じますので、ご返信にはおよびません」などと添えるといいでしょう。

「いつまでに」「なにを」してほしいのかを明記する

相手にアクションをしてもらわなくてはいけない場合は「いつまでに」「なにを」してほしいのかを明確にするメールを心がけましょう。

なかなか主旨が伝わりにくいメールは、「結局、私になにをしてほしいのだろう？」と相手に思わせてしまいます。これでは、メールの相手に余計な時間をとらせてしまいます。メールをするときは、**具体的に期待するアクションを、期日とともに明記し**ましょう。

「△月△日までにお返事いただけますでしょうか」などと、相手がいつまでになにをすればいいのかすぐにわかるメールを送りましょう。

「目上の人や取引先に対して、行動を促し、かつ締め切りを設けるようなメールを送るのは失礼だ」と思う人もいるかもしれません。しかし、「いつまでに」「なにを」しなくてはいけないのかわからないメールを送るほうが、相手にとっては時間のロスになりますので、遠慮する必要はまったくありません。

確認のひと手間を惜しまない

メールは電話と違って自分から相手へ一方通行のツールですから、返信がきて初めてコミュニケーションが成立すると考えるべきです。

「こっちはメールを送ったのだから」と安心するのではなく、**最悪、相手がそのメールを読んでいないかもしれない可能性を念頭に**おかなくてはいけません。

当然、相手からくるべきメールの返信がない場合は、確認しなくてはいけません。人間ですから、メールには目を通しても、うっかり忘れてしまうことも考えられますし、そもそも迷惑フォルダに分類されてしまい、相手が開封していない可能性もあります。

「返信がないな」と思ったときに、「でも、メールしたから大丈夫だろう」「返信をくれないのは相手側の責任」などと思うのは危険です。

このときに念押しや確認のひと手間を惜しむと「納期までに商品が間に合わない」などの大きな事故につながる可能性があります。とくに急がしいときほど、確認を徹底してください。

「念のため、このメールが届きましたら、その旨お知らせください」と確認する一文を添えておくのも効果的です。

案件によっても差があるかとは思いますが、返事をもらえないと手遅れになる数日前には連絡をするのがいいでしょう。時間が迫っているのであれば、メールではなく、電話で確認することも重要です。

なお、Ｃｃメールは「読んでくれればＯＫ」と解釈し、読んでくれているともかぎらないことを前提にしたほうがいいでしょう。相手に行動を促す場合や必ず知ってほしい場合には、Ｔｏにするようにして宛先を明記しましょう。

メールでの「すれ違い」を防ぐには？

NG

内容が曖昧なメールを送っただけで満足するのをやめる

メールを送っただけで用件が伝わっていると思うのは危険です。メールは一方的なツールだと意識して、必要に応じて確認をしましょう。

OK

内容が明快なメールを送り相手の受信を確認する

仕事が速い人は、相手に「いつまでに」「なにを」してほしいかを明確にします。返信が不要な場合は不要と書き、返信が必要なのにこない場合は、手遅れになる前に確認をします。

21

「添付をご確認ください」だけでは不十分

仕事の速い人は、添付ファイルを送信するときにもひと工夫します。「添付ファイルをご確認ください」とだけ書かれたメールを送る人がいますが、添付ファイルの内容がわかる要約を本文につけるとよりよいでしょう。

本文に添付の要点をまとめると親切

「添付をご確認ください」とだけ書かれて送られてきたメールでは、内容がよくわからないので、相手に余分なアクションをさせてしまい、時間のムダを生みます。

相手に添付データを確認してもらいたいときには、確認してほしいポイントを明記してください。何度かやりとりしているデータの場合は、どこに修正を加えたのかを伝えたほうが、相手もなにをすればよいか、アクションにうつしやすいでしょう。

メールを受け取る相手が今すぐ添付ファイルをダウンロードできない状況の場合でも、本文に添付の内容について要点がまとめられていれば、なにが送られてきて、自分がなにをすればいいのかの、だいたいの見当がつきます。早めにダウンロードしなくてはいけないものなのかどうかも、そのまとめを見れば判断できるので、時間のロスを防げます。

ここでも、後工程のアクションを少しでも減らす配慮をすることで、結果的に速い仕事ができるようになるのです。

大容量の添付ファイルの送信は相手に確認してから

添付ファイルを送るときは、相手の通信環境にも配慮するのが鉄則です。

Gメールなどでは、10メガバイト程度の容量の添付ファイルは問題なく送受信できるので、ついつい容量の大きなメールも気にせず送ってしまいがちです。しかし、会社によってはサーバの都合で大容量のメールをはじいてしまうこともあります。重い添付ファイルを送る場合は、事前に相手の会社の環境を確認しましょう。

最近では、重い添付ファイルや画像などを送信するときには、ファイアストレージやギガファイル便などの、オンラインストレージサービス（一時的にクラウドにファイルを保存してやりとりする方式）を利用する場合もあります。しかし、セキュリティが厳しい業界の会社では、機密事項にあたるファイルなどは、このような外部のクラウドシステムの利用を禁止しているところもあります。やはり、使用する前に、先方に確認をとることが重要です。アナログかもしれませんが、ファイルの内容によってはＤＶＤなどの記録メディアを郵送することも考えましょう。

ファイル形式によっては、相手のパソコンの環境によって開けるものと開けないものがあります。自分のパソコンで問題なく閲覧できるからといって、相手のパソコンでも同様のものが見られるとは限りません。事前に確認しておいたほうが仕事が速く進みます。

ファイルが開けないだけならまだしも、バージョンによってフォントや形式が違った表示がされる場合もあります。たとえば、デザイン案のやりとりなど、ディティールの確認が必要な案件では、お互いのパソコンのバージョンの違いによって見え方が変わり、のちのちのトラブルにもなりかねませんので、注意が必要です。

添付ファイルの上手な送り方は？

NG

「添付をご確認ください」とだけ書いて送るのをやめる

ダウンロードするまで内容がわからない添付ファイルは送るべきではありません。相手の環境を聞き、一番ストレスなく受け取れる方法を考えましょう。

OK

「添付をご確認ください」＋「要約」を送る

相手が今すぐ添付ファイルをダウンロードできない環境でも、内容がわかるように工夫しましょう。添付ファイルの要約を本文につけておけば、相手の時間を節約できます。

22 コピペしたときには「ひと手間」かける

メールを作成する時間を短縮するときに便利なのが定型フォーマットです。同じ文章を毎回ゼロから書くよりは、定型フォーマットを使えば効率が上がります。

ただし、注意すべきなのは、フォーマットとコピペは違うということです。コピペメールで信頼を失うようなことがないように気をつけましょう。

コピペでのミスは信頼を大きく損ねる

ときどき「これはコピペして、大量の人に送っているんだろうな」とわかるメールが届くことがあります。不思議なもので、自分のために書かれたわけではないことを、人は敏感に感じ取るようです。

たとえば、懇親会の招待メールなどで、ひどい場合は「○○さんにお会いできるのを楽しみにしています」の「○○さん」の部分が別の人の名前になっていたりすることがあります。こういうメールを見ると、一気に気持ちが冷めますし、その人に対する信頼まで崩れてしまいます。信頼関係は、積み重ねるのには時間がかかりますが、失うのは一瞬です。企業だけではなく、個人のブランドも、時の結晶、すなわち小さな努力の積み重ねです。**どんなに時間を短縮しても、信頼を失ってしまっては元も子もありません。**

「ひと手間」をかけることが時間短縮につながる

メールでフォーマット化していいのは、絶対に内容を変えない部分だけです。宛先など、人によって書き換える必要がある部分はフォーマット化してはいけません。

たとえば、先ほどの懇親会の例で言えば、会の名前や日時、開催時間、会場、料金などは全員共通ですから、フォーマット化して同じものを送っていい部分です。

それに対して、その会に参加してほしいと思う**気持ちをあらわす部分は、コピペではなく、そのつどその人の顔を思い浮かべながら書くのがいい**でしょう。

私は毎年名古屋で規模の大きなビジネスライブを開催しているのですが、ありがたいことに、開催時期の二か月前には満席になります。実はこれも、コピペメールではなく、一人ひとりに合わせた案内を送っているからだと自負しています。

たとえば「ずいぶんご無沙汰していますが、この前、お話してくださったあの件は順調ですか？」「去年のビジネスライブで『こんな話が聞きたい』と感想をくださいましたが、今年はまさにそのテーマでトークします」などと添えて、一人ひとりにカスタマイズした文章を送るのです。

もちろん、それなりに時間はかかりますが、たった数行、その人向けの文章を書くだけで反応率はぐっと変わります。イベント間近になって、集客が足りないと奔走することに比べたら、最初からコピペメールではなく、ひと言添えたメールを送るほうが、結果的にはよほど時間短縮になるのです。

そしてさらに長い目で見ると、そのような信頼関係を構築できれば、その後の仕事がスムーズにいくことは言うまでもありません。

時間がかかることを惜しんでコピペするよりも、ちゃんと相手のことを考えて書いた文章は、相手にそのことが伝わるので、結果的に仕事がスムーズに進む場合が多いのです。目先の効率ではなく、あえて非効率のように見えることも大切にしましょう。

コピペするときの注意点は？

NG

「コピペ」して「ひと手間」を惜しむのをやめる

コピペして、名前部分だけを書き換えようと考えても、必ずミスが起こります。それだけではなく、コピペの誠意の無さは、相手に伝わってしまうものです。

OK

「フォーマット」を活用して「ひと手間」かける

相手によって変えない文面はフォーマット化してもいいでしょう。しかし、それ以外の部分は、送る相手によってカスタマイズすることが、信頼関係を築くうえでも重要になります。

23

土日や夜中にメールを送らない

あなたはメールを送る時間帯に配慮していますか？　相手の状況を考えず、自分がメールを書き上げたタイミングのみでメールを送っているのだとしたら、一度、メールを送るタイミングについても考えてみましょう。

スマホ時代だからこそ、メールの送信タイミングを考える

会社の中でしか、メールチェックをしなかった時代は、「メールは相手が都合のよいときにチェックするもの」「メールは相手の時間を邪魔しない手段」と言えたかもしれません。メールを送るタイミングにそれほど気を使う必要はありませんでした。

ところがいまは、24時間スマホを持ち歩いている人も多い時代で、仕事のメールをスマホでチェックしている人も多いでしょう。プライベートな時間に「受信しました」

の画面表示がされたり、睡眠時間中に音が鳴ったりすることを考えると、メールを送るタイミングも配慮しなくてはいけません。

相手の職種にもよりますが、とくに、**相手が会社を離れていると考えられる土日や夜中のメールは気をつけましょう**。家族だんらんしているときに、仕事のメールが入ってきたら送信者への印象が悪くなる可能性もあります。

もし、どうしても送らなくてはいけない場合は、**「週末にすみません」「夜分にすみません」などの気づかいの言葉を添えるといい**でしょう。

相手の立場でメールを送るタイミングを考える

ただしこれは「土日や夜中には絶対メールを送ってはいけない」といったマニュアルではありません。一番大事なのは相手の立場で考えることです。相手が一刻も早く返事をほしいと思っているのであれば、タイミングを気にせず送ったほうがいいでしょうし、逆に週明けまで待つほうがリスクになる場合もあります。

もちろん、何時にメールを受信しようが、まったく気にしないという人もいます。「自分の常識が相手の非常識になる」場合もあることはつねに意識してください。

金曜日の15時以降にメールをするな

以前、ある会社員の方が金曜日の終業時間直前に先輩にメールを送ったら、ものすごく怒られたそうです。「金曜日の15時以降にメールで相手に仕事を依頼するような仕事の進め方は、管理能力を疑われるからするな」と注意されたそうです。

必ずしも、金曜の夕方にメールをするのがダメだとは言い切れませんが、相手がどうとらえるかを考えることは大事です。とくに、**アクションを促すメールを送るときは、タイミングに注意が必要**です。

自分は金曜夜の最後の仕事を依頼し終えて、気分よく退社するつもりかもしれませんが、相手にとっては、その返事をしなくては帰れない状態になる場合もあります。

このようなときは「お返事は来週の水曜日までにいただければ幸いです」などと添え、残業したり、週末出勤したりしなくてはいけない状況にさせない配慮が必要です。

つねに、メールを受け取る相手（後工程）を思いやることを意識していれば、ほとんどのトラブルは避けられるはずです。

メールを送るタイミングは？

NG

夜中や土日など自分のタイミングでメールするのをやめる

自分の都合だけでメールをするのはやめましょう。スマホ時代の昨今、リアルタイムでそのメールを受け取る人がいる可能性も考えてメールするようにしたいものです。

OK

相手の立場ならどう感じるかを考えたうえでメールをする

メールを送ってもよい時間に決定的なマニュアルはありません。相手が不快にならない時間や文面を意識することが一番大事です。

24

「ご担当さま」宛にメールをしない

ときには、一度も会ったことがない相手にメールを送らなくてはいけないこともあるでしょう。知人のいない会社にこちらからお願いごとをしたい場合や、ニュースリリースを媒体に取り上げてもらいたいときなど、面識のない相手にメールを送らなくてはいけないケースもあります。そんなときは、担当者に読んでもらえるメールを送れるかが成果が出るかどうかの分かれ道になります。

相手に見てもらい、しかも気にかけてもらえる可能性をあげるためには、「メールを送る前」の準備が重要になります。

「ご担当さま」という名前の人はいない

たとえば、人気の雑誌やウェブ媒体で自分の会社のニュースを取り上げてもらおうと思ったとき、単に「ＰＲ記事ご担当者さま」とメールをしても、一日に何十通というニュースリリースが送られてくるわけですから、記事にしてもらえる確率はほとんどないといってもいいでしょう。それどころか、読んでももらえないこともあります。

このような場合は、メールの文面や件名を工夫するより先に、すべきことがあります。それは、担当の人を調べて、その人宛にメールをすることです。

人は、自分宛に届いたメールはきちんと読もうと思いますが、**「各位」や「ご担当者さま」として送られてきたメールは、「自分宛に来たメール」という気持ちになりません。**そう思った瞬間、内容も真剣に読もうとは思わないでしょう。場合によっては、メールを開かなくてもいいと思うときさえあるかもしれません。

そもそも、世の中には、「各位」や「ご担当者さま」などという名前の人は、一人もいないのです。

ある出版社の編集者によると、編集部には毎日のようにリリースメールが届くのだそうです。そして、そのリリースが、読んで「もらえない」順番を聞くと、このような順番になるそうです。

①「□□編集部御中」の名前でくるもの
②「□□編集部　PRご担当者さま」の名前でくるもの
③「□□編集部　PRご担当　◯◯さま」
（事前に電話で、担当者の名前を聞いてから◯◯さまと送られてくるもの）

初めてメールを送る相手は、あなたのことを知りません。少しでも相手の心に響くメールを送るためにも、相手の立場から考えることを手抜きしてはいけません。電話をかけて担当者名やアドレスを聞いたうえでメールを送れば、相手に届く可能性が高まります。そしてそのうえで、件名に用件を書くこと、結論ファーストで書くことなどに注意して内容を考えましょう。

面識のない人にメールを送るコツは？

NG

「ご担当者さま」宛に
メールを送るのをやめる

自分宛のメールと、会社宛のメール、どちらを優先的に読もうと思うか、相手の立場から考えましょう。「ご担当者さま」では、面識のない人には読んでもらいにくいでしょう。

OK

電話で確認してから
「○○ご担当田中さま」と送る

担当者が特定できれば、その人宛にメールすることができます。一見時間がかかるように思いますが、メールを読んでもらえる可能性も高まるので、結果的に成果が出やすくなります。

25

「言いにくいこと」はメールより電話で

お詫びをしなくてはいけないシーンや、言いにくいことを言わなくてはいけないシーンで、ついつい、対面で会うことや電話することを避けてしまい、メールですませていませんか？　くり返しになりますが、メールは一方通行のコミュニケーション手段です。お詫びや言いにくいことは、相手の顔を見て、もしくは相手の反応を聞ける電話で伝えるようにするのがビジネスの原則です。

その「言いにくいこと」はメールで大丈夫？

よく海外のドラマや映画で、ボスの部屋に部下が勢いよく入ってきて、「グッドニュースとバッドニュースがあります。どちらから聞きたいですか？」というシーンを見ます。それに対するボスの回答はさまざまですが、**ビジネスのシーンでは「バッド**

ニュースファースト（悪い報告を先に）」が鉄則です。悪いニュースほど即座に対策を打たなくてはいけないですし、放置することの悪影響が大きいからです。

謝罪しなくてはいけないことや言いにくいことも放置すると悪影響が大きいので、スピーディに対応することが求められます。

メールのスピードは魅力です。相手の顔が見えませんし、面と向かって怒鳴られたりすることもないので、言いにくいことはついついメールで伝えてしまいがちです。

しかし、どんなに言葉を尽くしたとしても、しょせんメールは一方的なコミュニケーションです。相手の顔を見たり、声の調子を聞いたりしながら伝えるのとでは、コミュニケーションの密度が全然違います。間違った解釈をされたり、余計に怒らせてしまったりする危険性を減らすためにも、重要な話であるほど直接会ったり電話をするほうがいいのです。怒られるのを怖がってメールですませるのはやめましょう。

もし、まずはメールでお詫びする場合も、追って会うか電話で説明したい旨を添えましょう。

顔を見ながら話せば解決策が見つかることも

私があるプロジェクトのプロデューサーをしていたときの話です。やりとりをスムーズにするために、フェイスブックのグループを作っていたのですが、メンバーの仲が悪いのかと思うぐらい、誰かの提案を全否定したり、個人攻撃をしたりするようなコメントが目立ったことがありました。

ところが、いざ全員で集合して会議をすると、フェイスブックグループの中で見られたような攻撃的な応酬はまったくないのです。もちろんみんな自分の意見を言い合いますが、感情的になったり個人攻撃になったりすることはなく、建設的で活発な議論をすることができました。

そのときほど「ネットやメールなどの、一方的なコミュニケーションだけに頼っていてはダメだ」と思ったことはありません。

一方的な**メールには、相手がどのように解釈するかわからない危険性があります。**だからこそ、お詫びや言いにくいことは、相手の反応がわかる対面や、電話などでするのがいいのです。そのぶん、メールよりは時間をとられるかもしれませんが、それは、信頼関係を築くために必要な時間です。

メールに頼ってはいけない場面は?

NG

言いにくいことを
メールですまそうとするのをやめる

悪いニュースほど、早く報告しましょう。こちらからの一方的なメールは相手に誤解を生む可能性もあります。メールですまさず、電話や直接会う段取りを。

OK

お詫びやこみ入った話は
電話か、直接会って伝える

第一報はメールで送ったとしても、電話か対面で説明したい旨を伝えます。相手の反応をリアルタイムで受け取れるコミュニケーションで、誤解のない報告をしましょう。打ち合わせの場をつくるのも効果的です。

column 3

メールはエグゼクティブサマリーを参考に

メールの要点をわかりやすく書きたいときに、参考になるのがエグゼクティブサマリーです。

エグゼクティブサマリーとは、決裁権を持つ人に対して、数十枚にも渡る事業計画書の要点をわかりやすくA4一枚程度にまとめた文書のことです。

一般的に役職が高い人ほど仕事は多く忙しくなります。エグゼクティブサマリーを作るときには、そのような人たちに対して、資料全部に目を通さなくても内容がわかるようにまとめるのがポイントです。

決裁権を持つ人は、そのサマリーを見て、資料の詳細まで見る必要があるかどうかを判断します。ベンチャーキャピタルなどは、エグゼクティブサマリーだけで、投資をするかしないか決めていると言われるほどです。

ですから余計な装飾はせず、要点を的確におさえる必要があります。結論を最初に持ってきて、長文は使用せず、箇条書きなどでわかりやすくするなどの工夫が必要になります。

メールも言ってみれば、忙しい相手の時間を割いて読んでもらうものです。短い時間で、要点をわかりやすく伝えるには、エグゼクティブサマリーの書き方が参考になるのです。

第4章

「会議・打ち合わせ」の生産性を高める

26

目的意識を持たずに会議に参加しない

「うちの会社は会議が多い。しかもダラダラ長くて、ムダだらけなんだよね」

「勤務時間の半分が会議だよ」

企業の大小を問わず、こんな話をよく聞きます。しかし、文句を言ってばかりでは仕方ありません。会議や打ち合わせの時間を有効に使えばいいのです。その最大のポイントは、「目的意識」を明確にすることです。その日の会議のゴールをしっかりおさえ、効率よくスピーディに、仕事の成果につながる会議を目指しましょう。

会議にかかるコストとリターンを意識する

会議そのものは、直接的に売上を生むものではありません。それどころか、会議に出席する人たちのコスト（人件費）がかかっています。

それを考えると、意味なく会議を長時間ダラダラと続けることは、時間とコストという貴重な資源を二重にムダにすることになります。**仕事の速い人は、会議にかかっているコストに見合う、リターンが得られるかどうかをつねに意識しています。**

リターンとは、つまり成果です。会議は、その後の仕事の成果につながってこそ、時間を割く価値があります。たとえば経理の会議であれば「ここから半年で1千万円の経費削減をする」のが最終成果で、「その目標を達成するためになにをするべきかを決める」のが会議の目的です。

もし、会議の時間を有効に使えていないと感じるのであれば、そもそもその会議をなんのためにやっているのかを考えてみましょう。

「仕事の成果を出す」という最終目的に照らし合わせれば、会議で決定しなくてはいけないことはおのずと決まるはずです。

会議の目的を理解して成果に貢献する

もしあなたが、会議を招集する立場ではなく、参加する側だったとしても、「なんとなく」会議に参加していてはいけません。会議の目的を理解して参加することはとても重要です。目的を理解していなければ、会議の成果に貢献する発言もできません。

だいたいの場合において、**会議の目的は「決定すること」にあります。ですから「決定をするために、自分はなにをすべきか」をつねに意識しましょう。**

「自分が一番下のポジションだから」「まだ○年目の若手だから」といって、発言することをためらう人もいるかもしれませんが、それでは会議の成果に貢献できません。意見があったら、年齢や職位はまったく関係なく、その意見を発言するのも「会議の成果のため」です。会議の成果に貢献できる人材になるためにも、会議の目的をしっかり理解しておきましょう。

優秀な上司や先輩をベンチマークにする

会議の目的とは別に、自分の目的を設定しておくこともおすすめです。

たとえば、会議に参加している優秀な上司や先輩の言動を観察することです。**自分となにが違うのかを比べてベンチマークにする**のです。「この人の提案は必ず通る」「この人の発言はいつも承認される」という人には、必ずツボがあるはずです。話の組み立て方なのか、事前準備の周到さなのか、それとも発言自体の斬新さなのか……。

ツボを知るためのポイントは、定点観測することです。目標とする先輩をずっと観察すれば、いつもと違う行動や、細かな変化に気づくことができるようになります。

優秀な先輩を観察し、提案が通る人がどんなふうに説明をしているのかを意識すれば、そのポイントが具体的にわかるはずです。そして、自分がそのポイントを真似て、自分が説明するときに活用すればいいのです。結果的にスキルが磨かれます。

「なぜムダか、どうすればよいか」を考える

会議に意味が見出せないからといって、会議中にPCを持ち込んで、自分の仕事をするなどの「内職」をしている人がいたら、今すぐやめましょう。

もし、その会議が時間のムダだと思うのであれば、そもそもその会議を行なう必要性があるかどうかを分析して、勇気を持って上司に「この会議はなぜムダなのか、どう改善すればよいのか」を伝えたほうが会社のためです。

たとえば、同じような会議が重複していてムダが多いと思うのであれば、それぞれの会議の重複部分を書き出して、提案してみてはどうでしょうか。理路整然とまとめて、会議の短縮や統合を提案できれば、それは会社のコストカットにつながる「価業」

になります。内職をするよりも、よほど会社に貢献できます。

とくに**定例会議などは、年に何度かはその必要性を検討する機会を持ったほうがいい**でしょう。

営業成績の報告会議など、ただ数字を発表して終わりになっているようなことはないでしょうか？　会議自体が目的になってしまっているなら、注意が必要です。

先ほど言ったように、会議の目的は「決めること」ですから、ただ「伝えるだけ」なら、会議をする必要はありません。メールを送って「見ておいてください」と言えばすむことです。ムダな会議がないか、定期的にチェックすることも大事です。

会議だけではなく打ち合わせも同様です。

なんでもかんでも「会ってご相談したいです」「お時間をください」と言う人がいますが、会社員とは、上のポジションになるほど忙しいものです。大きな会社の幹部クラスであれば、それぞれに秘書がついて、10分単位でアポイントを管理しています。

もし、あなたがそのような人との打ち合わせを依頼するのであれば、そのコストに見合うリターンを得られるような時間にする意識を持ちましょう。

会議を有意義なものにするには？

NG

目的を持たずに、なんとなく参加するのをやめる

なんのための会議かを意識せずに参加すると、その成果に貢献する発言はできません。発言する機会があまりない会議でも、内職はNG。先輩の仕事ぶりを観察するなどして時間を有効に使って。

OK

目的を明確にして、リターンを意識する

会議にはコストがかかっていることを意識して、そのコストに見合った成果を出すための時間だと考えましょう。

27 日程調整は一往復ですませる

仕事の速い人は、会議や打ち合わせの日程調整に時間をかけません。何度もメールをやりとりする必要がないように、候補を先に出して先方のたたき台にしてもらいます。これもまた、「後工程」を想像し、「相手の時間を奪わない」配慮をすることで、結果的に自分の時間も短縮することができるのです。

経営者相手でも日程の選択肢は自分から出す

メールで打ち合わせの日程を調整するとき、「佐藤さんは、いつご都合がいいですか?」と聞いてしまっていないでしょうか。もし、そうしているとしたら、後工程への想像力が足りません。

客先との打ち合わせの日程を決める場合は**「相手のスケジュールを先に聞かないと**

失礼にあたるかもしれない」と思うかもしれませんが、相手の手間を増やすほうがかえって失礼です。日程の選択肢は自分から提示したほうが、日程を決めるためのやりとりが少なくてすみます。たとえ相手が経営者であっても、自分から提示したほうがよいでしょう。忙しい人ほど、そのほうが喜ぶはずです。

「いつ都合がいいか？」と聞いた場合、先方はスケジュールを全部見たうえで、「この日とこの日が空いている」と答えなくてはいけません。しかも、相手に都合のよい日を答えてもらったのに、「その日は出張なので別の候補を……」「ではこの日は？」「そこもダメなんです……」などとやっていたら、何往復もメールをやりとりすることになってしまい、大幅に時間をムダにしてしまいます。

自分から候補日を送ってたたき台にしてもらうほうが、先方の手間もかかりません。もし、その候補日では先方が空いていないのであれば、先方から「○月○日○時からはいかがでしょうか」と別の日程が送られてくることもありますし、こちらから再度候補を出せばいいだけです。大切なのは、相手の時間を奪わないことです。

仕事の速い人は、日程の選択肢を自分から先に出して、それをたたき台にスケジュール調整してもらいます。

「6月1日の13時から17時までと、6月4日の14時から18時まで。16日は終日あいています」などと三つほど候補を出せば、先方はその三つだけをチェックすればいいので、時間短縮できます。その候補の中に空いている時間があれば、日程を決定できるので、メールのやりとりは一往復ですみます。

相手から先に候補日を提示されたときも、「佐藤さんのご都合で大丈夫です」など送らずに、「それでは、10日に伺います」などと決めて答えるようにしましょう。そのほうが、やりとりが減らせます。

日程調整のメールはできる限り一往復ですませると考えると、その**打ち合わせの所要時間と場所も一緒に提案しましょう**。

「12日の14時からいかがでしょうか」などというメールでは、終わりの時間（所要時間）も、場所も書かれていないので、相手は次の予定を何時から入れていいのか、場所はどこなのかが判断できません。

「12日の14時から15時までお願いします。私が貴社に伺います」と言われれば、相手は前後の予定が組みやすくなります。このように日程調整のメールには、開始時間と終了時間、そして場所を明記することが重要です。

会議の日程調整のコツは？

NG

「いつがいいですか」と相手の都合を先に聞くのをやめる

都合のいい時間や悪い時間を相手に聞くと、先方は自分のスケジュールをすべて確認しなくてはいけません。相手の時間を奪ってしまうことになります。

OK

自分の都合のいい候補日を先にいくつか提案する

スケジュール調整は、まず候補日を自分から出しましょう。そうすることで、先方はその日程だけを確認すればいいので、ムダな時間をとらせなくてすみます。

28 会議の議題は事前に共有しておく

実りのある会議になるかどうかは、準備をしっかりしたかどうかにかかってきます。仕事が速い人は「会議前」の準備を怠りません。準備としてとくに大切なのが、その会議で「なにを目的に、なにを議題（アジェンダ）にするのか」を伝えておくことです。会議の席についてから、「本日お集まりいただいたのは……」と会議の趣旨を初めて伝えるようでは、スピーディに会議を進めることはできません。

会議の前にアジェンダを送る

「勝利の女神は用意周到な人に微笑む」

ジェイソン・ステイサム主演の映画「トランスポーター」のなかに、私の大好き言葉があります。事前の準備が伏線となり、クライマックスで奏功するシーンでの決めゼリフです。

マーケティングを専門にしている私は、市場で成果（勝利）を手に入れるためには、やはり準備をしっかりすることが重要だと考えており、深く共感しました。

会議も同様です。仕事が速い人は、事前に出席者にアジェンダと資料を送ります。アジェンダは数行で書けるはずですから、このメールはほんの数分で終わります。

「17日の会議の議題と資料ですのでご確認ください」と目的とその達成のためのアジェンダを箇条書きでメールしておけばいいだけです。

このメールを送っておけば、会議に集まる人たちは、その日までにアジェンダについて考えてきてくれるので、当日の進行がスピーディになります。

コスト意識を強く持たなくてはいけないビジネスパーソンの場合、会議が始まってから「今日の会議は、なにを決めるんだっけ？」などというやりとりがあってはいけません。準備をしていないと会議の最中に思考することになるので、議論も浅くなりますし、有益な結論に達するまでに時間がかかってしまいます。

自分が準備することはもちろんですが、相手にも準備してもらうひと工夫をしておく。これが、仕事が速い人が必ずやっていることです。

1時間の会議は45分で終わらせる

会議は基本的に1時間で終わるように設定しましょう。事前にしっかり準備をしていればたいていの打ち合わせは1時間で終わるはずです。そして、その1時間の打ち合わせも、できれば45分で終わるように進めます。時間は誰にとっても貴重な資源ですから、早く終わるにこしたことはありません。

また、**余裕を持って進行しておけば、なにか追加の議題が生まれたり、トラブルがあったときでも対応できる**ものです。逆に、ギリギリ終了の会議やのびてしまった会議は、出席者の次のアポイントにも影響を与えます。会議は終了時刻には完全に撤収して、会議室を後にできるように考えて進行しましょう。

先日、ある大学で打ち合わせをしたとき、同じ高校出身の人がいることがわかり、打ち合わせの後に昔話に30分ほど花がさきました。これも、余裕をもって会議を終えたからこそ、次のアポを気にせず話ができたのです。

このように、会議の前には必ず議題と資料を共有しておくようにしましょう。そうすれば、スピーディに生産性を高くあげられるはずです。

会議の議論の質を上げるには？

NG

「その場」で会議の内容を説明するのをやめる

会議や打ち合わせの内容をその場で初めて伝えでては、議論の質が低くなります。事前に伝えて準備をしてもらうようにしましょう。

OK

会議の内容とゴールを「事前に」提示しておく

数行の箇条書きでいいので、事前に議題をメールしておくことが重要です。自分だけではなく、参加者が準備をしてきてくれるようにコントロールするのも、仕事が速い人の特徴です。

29

会議のスタート時間に遅れない

会社の始業時間と同様に、会議でも決まって数分遅れてくる人がいます。会議も開始時間＝集合時間ではなく、開始時間＝スタート時間です。

10分前に会社着、5分前に会議室に入る

10時の会議や打ち合わせに、10時に到着すればいいと思っていないでしょうか。指定された時間は、「スタートの時間」です。もし、取引先の会社で会議があるのであれば、10分前には受付に到着し、5分前には会議室に入っているようにしましょう。

10人の会議で10分遅れたら、1人から10分ずつで計100分の時間を奪っていることになります。時間とは、すなわちコストです。遅刻することは「相手に損害を与えている」と考えて、時間には余裕を持って動きましょう。

どうしても遅刻してしまう場合は、必ず連絡を入れましょう。「5分遅れます」という連絡が一本あるだけで、印象は全然違いますし、「それなら先に始めておこう」などの判断もできます。なお、相手に来社してもらっておきながら、平気で5分、10分と待たせる人がいますが、これも遅刻です。本人は気づいていないことが多いのですが、たいへん失礼な行為なので、すぐに会議室に入るようにしてください。

ドタキャン、リスケは不信感につながる

遅刻はもちろん、**一度決めた日時の「ドタキャン」や、「リスケ（スケジュール変更）」も、失礼で信頼を失ってしまう行為**です。リスケをする人は、その行為をくり返す傾向があります。おそらく、本人は迷惑をかけている意識がないのでしょう。ドタキャンやリスケをされたほうは、はっきり覚えているものです。何度もくり返されれば、不信感につながります。**たとえ相手が「お忙しいでしょうから、お気になさらず」と言ってくれたとしても、その言葉を額面通り受け取ってはいけません。**

後日、再度調整した日程で対面するときには、「私の都合で、ご予定いただいていた日程を変更していただき、申し訳ございません」ときちんと謝るようにしましょう。

会議数日前には日程などリマインドをする

どんなにしっかりした人でも、人間ですから、ときには打ち合わせの日程を失念したり勘違いしたりする可能性があります。そのリスクを少しでも減らすために、前述した会議のアジェンダを送る際にリマインドするのがスマートです。

私も過去に、リマインドメールをもらって命拾いをしたことがあります。

ある経営者の方から「マーケティングのテーマで講演してほしい」と依頼されたことがありました。日程もスムーズに決まり、用意した短縮版のスライドを二日前にもう一度確認して準備万端で寝ました。しかしなにを勘違いしたのか、私は「時間術」のテーマで用意をしていたのです。ところが前日の朝、先方からのリマインドメールで式次第を見直したら、なんと、講演テーマが「マーケティング」となっていることに気づきました。あわてて資料を作りなおして事なきを得ましたが、あのときメールを見ていなかったらと思うとぞっとします。「マーケティング」について聞きたいと思ってきてくれた方々に「時間術」の話をしてしまうところだったのです。主催者の方の細やかな心遣いに助けていただきました。

失念や勘違いのリスクを減らすためにもリマインドメールを習慣にしましょう。

会議は開始時間にスタートする

NG

軽い気持ちで相手を待たせるのをやめる

会議に遅れるのは相手に損失を与える行為だと認識しましょう。ドタキャンやリスケも、信頼を失う行為だと自覚して。

OK

相手を待たせないよう準備しすぐに開始する

開始時間直前にスタートし余裕を持って終わるのが「仕事が速い人」。自分が準備万端でのぞむのはもちろんのこと、参加者にもリマインドすれば、自分以外の人のうっかりミスも防げます。

30

「レビュー」をしてから本題に入る

会議の本題に入る前には、レビュー（前回の振り返り）をしましょう。たった数分、振り返りをすることによって、共通認識のズレがなくなり、その日の会議のスピードと質を高めることができます。

前回の「振り返り」をしてムダをなくす

私はマーケティングの話をするときに、よく「生活者は自分たちの会社のことをなにもわかっていない前提で戦略を考えましょう」と伝えます。

商品を提供する側は、自社の商品に愛着があるものですし、何度もくり返し説明をしてきているので**「相手もわかってくれているはずだ」と思い込みがち**です。でも、実際のところ、生活者は自分たちの会社や商品のことをほとんど知りません。その前提で話を進めるのが、マーケティングの鉄則です。

仮に、ある商品のCMのコンペがあるとします。コンペの一か月くらい前の会議で、クライアントから商品の訴求ポイントや、ターゲット、CMの大まかな方向性と予算などが説明されます。それに対して、各社が一か月後にプレゼンをするのです。

このときに、いきなりプレゼンする会社もありますが、私は**まずクライアントが提示した条件のレビュー**をします。広告代理店などでは、これを「与件の整理」などといいます。

たとえば、「この商品は30代の女性をターゲットにしたいと先日伺いました。ところが、リサーチをしたところ、40代女性にもずいぶん需要があることがわかりました。そこで、今回はもう少しターゲットを広げる前提でCMの企画プレゼンをさせていただきます」などと伝えるのです。

このように、**前提条件を整理してからプレゼンを始めると、相手にも響きやすいプレゼンになります。**

この考え方は、会議にも通じます。

自分たちにとっては重要な案件で明確に説明したつもりでも、相手にとっても同じとは限りません。前回の会議で決定したことや説明したことを忘れている可能性もあります。ましてや、相手が月に何十本も案件を走らせている社長だったとしたら、あなたがどこの誰かすら忘れられている可能性もあります。

会議中に質問をされて「あれ？　それは先週も説明したはずなのに……」などと思うことはありませんか？　きちんとレビューしておけば、二重に説明するというムダな時間をなくせます。

「前回はここまで議論したので、今回はそれを前提に議論を深めましょう」と、会議の冒頭でひと言伝えるだけで、その後の会議の質が高まります。会議では同席者が共通の認識を持っていることが重要です。このレビューでしっかり確認しておけば、万が一、この共通認識にズレがあったとしても、会議の最初の段階で対処できます。

このレビューは、大学の授業や連続講座でもとても有効です。「先週の講義はここまで進んだので、今週はこの議題をディスカッションしましょう」などと伝えると、それをしないときに比べて学生たちの理解が深まっているのに気づきます。

会議もコミュニケーションの手段の一つです。レビューをして前提条件をしっかり整理・確認したうえで、議論を進めていきましょう。

会議で「説明したはず」をなくすには？

NG

相手が覚えていることを前提にして話を進めるのをやめる

「覚えているはず」「知っているはず」で話を進めると、途中で話に齟齬が生まれたり、すれ違いが起こることも。

OK

相手が忘れていることを前提に「レビュー」をしてから始める

リマインドと同様、会議前のレビューで貴重な時間をムダにしないようにしましょう。たった数分の振り返りがのちのちの時間を短縮してくれます。

31 議事録の作成に時間をかけない

会議をしたら、必ず議事録を残しましょう。一言一句正確に書いたり、だらだらと長く書いたりする必要はありません。あとで見返すときにポイントがわかりやすいように、Ａ４一枚に端的にまとめるのがよい議事録です。

議事録には二つの目的がある

議事録を残すのには二つの目的があります。

一つめは曖昧な言語を明確にして共通認識を持つこと。二つめは会議で決まったことを実行するためのアクションプランの確認のためです。

議事録がないと「あのときにこう決めたはずだ」「いや、聞いていない」などと水掛け論になる場合があります。そんなときに、議事録を見れば「確かにここで決定していますね」とわかります。このように共通認識を「明確化」することができます。

また、会議ではなにかしらの決定が行なわれているはずです。前にも言いましたが、会議自体は売上をあげるものではありません。その決定にもとづいて、実際に行動にうつして成果をあげることができてこそ「仕事」です。

そのためにも、誰がいつまでになにをするのかを全員で共有することが大事です。この予定を、アクションプランと言います。議事録は、アクションプランまで書かれてはじめて、意味のあるものになります。

A4一枚のフォーマットにまとめる

私の場合、コンサルティングするクライアント会社との会議の議事録は、フォーマットをこちらで用意します。そのうえで「最初の二回はこちらで記入するので、三回めからは御社で記入してください」とお願いします。

議事録は、各社にフォーマットがあるかもしれませんが、必ず必要になるのは、以下の五点でしょう。
①会議の日時、場所

②参加者の名前
③決定事項（箇条書き）
④アクションプラン
⑤次回の日程

その後の振り返りやすさも考えて、議事録はA４一枚におさめます。

①の会議の日時は、時間まで書くことが大事です。ふだんは2時間で終わっているのに、2時間半かかっているとしたら、それはコストが増えてしまっているわけですから、次回の反省の対象になります。

③の決定事項は、議題にそって、それぞれ項目ごとに決定したことを書きましょう。大事なのは、事実のみを完結に箇条書きにすること。議事録ですから、文章にする必要はありません。一つの議題につき、三～四程度の箇条書きでおさまるはずです。

たとえば「営業行動計画書を変更する」などであれば、実際に変更した内容をすべて議事録に書くと膨大になってしまうので、この場合の計画書は、添付でつけるなどの工夫をしましょう。議事録はあくまでA４一枚でおさめます。

一番大事なのは、④のアクションプランです。「誰が」「いつまでに」「なにをするか」

を明確にして書きましょう。

⑤の次回の日程もその場で決めるのがよいでしょう。締め切りにもなりますし、日程調整の手間が省けます。

会議中か、その日のうちに提出する

議事録は、会議中に発言を聞きながらその場で打ち込んでいくのがいいでしょう。会議が終わったら、多少整理に時間をとったとしても、数十分で作業は終わるはずです。どんなに遅くても、その日のうちに提出することを心がけましょう。

余白が多く残ったからといって無理に埋める必要はありません。もし議事録づくりに時間がかかってしまうのであれば、そもそも「会議はなんのためにするのか」「議事録はなんのためにとるのか」という本来の目的に立ち返りましょう。

議事録作りは「作業」です。**詳細な議事録を作ることに時間をかけるよりも、あまり時間をかけずに、端的でわかりやすい議事録を作るように意識しましょう。**議事録づくりよりも、その後のアクションに力を注ぐほうが「成果」につながるはずです。

曖昧なことは確認しながら書く

議事録をとっていると、会議では意外と曖昧な言葉で話が進んでいることに気づくはずです。もし、決定事項が不明瞭だと感じるのであればそのつど確認をしましょう。確認を怠ると、のちのち「自分がやるとは思わなかった」「誰もやっていなかった」などの事故につながります。

責任者が不明確な場合は、議事録を書いている人が「それは○○さんが△△するということでいいですか？」と質問するのが一番です。議事録を書く人には「正確に書き残す義務」があるので、そのツッコミを不快に思う人はいないはずです。

議事録はその日のうちに送ると言いましたが、議事録を受け取った場合も、その日のうちに確認しましょう。記憶が新しいうちに見返して、齟齬がないかの確認をします。もし、認識と違うことが書かれていたら、すぐに連絡をして確認をしましょう。

なお、社外の人と打ち合わせをしたあとには、議事録の簡易版として、アクションプランをメールで送っておくのも効果的です。

議事録を簡潔にすばやく書くには？

NG

だらだらと途中経過を書くのをやめる

だらだら書かれた文章は、要点がわかりにくく、見返すときに不便です。議論の途中経過も不要です。決定したことだけを端的に書きましょう。

OK

決定事項、アクションプランを合わせてA4一枚にする

決定事項を書くのはもちろんのこと、その後の成果につながるように、「誰が」「いつ」「なにをするか」を明確にしましょう。

32 「持ち帰って検討する」はできるだけ言わない

仕事が速い人は、会議の場でできるだけ「決定」します。「一度持ち帰って社で検討します」「一週間後に改めて提案します」などと言うことは、プロジェクトのスピード感をそぐことになるからです。

会議の前に権限委譲してもらえる部分がないか考える

会議の場で顧客からなにか聞かれたときに、すぐ「私では判断できないので、社に持ち帰ります」「来週の会議までに検討しておきます」などと言う人がいます。

もちろん、入社したばかりであれば、自分で判断できないことも多いでしょう。決裁権も持っていないでしょうから、上司の判断を仰ぐために持ち帰らなくてはいけないこともあるかもしれません。

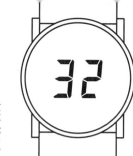

その場合でも、**どこまで権限委譲してもらえるか、上司と事前に話し合っておく**だけで、話はずいぶん変わります。自分の裁量で決定できる幅が広いほど、会議での決定事項も増え、時間も短縮できるようになります。

また、議題を持ち帰る場合も、要点を押さえて持ち帰れば、次の会議で的確な回答をできるので、やはり時間が短縮できます。

仕事が速いビジネスパーソンの場合、たとえその人がどんなポジションであっても単に「持ち帰ります」と言うことは少ないものです。この違いはどこから生まれるのでしょうか。

ヒントは、前にも書いた「先読み」にあります。会議の場でどのような議題について議論されるか、相手からどのような質問が出るか、こちらにどのような仕事を求められるかなどを先読みしていれば、想定される顧客からの質問に対して事前に上司に相談し準備しておくことができます。

場合によっては「ここまでなら、話し合いのなかで決めてもよい」という裁量権を上司からももらえることもあるでしょう。その場で判断できれば、次の会議まで返事をのばす人よりも、一週間早くその仕事にとりかかることができます。

ＮＯを言わないためにするべきこと

ホスピタリティの高さで世界的に有名なホテル、リッツ・カールトンのポリシーに「The Ritz-Carlton Never say "No"」という言葉があります。つまり、どんなリクエストに対しても、最初から「できません」とは絶対に言わない。必ず「わかりました。やってみます」と言って、すぐにできる限りの手を打つというポリシーです。

もちろん「やってみたけれども、できませんでした」ということはありえます。それでも、最初から「私にはできません」とか「少し考えさせてください」という返事はリッツ・カールトンではありえないのです。この考え方は、ビジネスパーソンにも応用できる考え方だと思います。

最初からＮＯを言わないためには、事前にいろいろなシミュレーションをしておく必要があります。顧客の要望に１００パーセント答えることはできなかったとしても、代案を用意することはできるかもしれません。これもやはり、事前に先読みをしておくことで、できる対処です。

その場で電話をかけるのも手

先読みしきれなかったことでも、上司（責任者）にその場で電話をかけて判断をあおげるようなら、そうしましょう。重要な決断をしなくてはいけない会議がある場合は「その時間に電話で確認するかもしれない」と上司に事前に伝えておくと、よりよいでしょう。

私がコンサルティングをしている経営者の方々は一様に、とても行動が速い人ばかりです。会議で「ホームページのシステムを変更したほうがいい」となった場合、「では帰って技術者に確認します」ではなく、その場でシステム会社に電話をかけて「このような変更は対応できる？」とすぐ確認します。タスクが滞ることがないので、次々案件が進んで、結果的に業務の改善スピードも速くなっています。

持ち帰るときは方向性を明確にする

もちろん、ビジネスの現場は、その場で結論が出ることばかりではありません。
たとえばクリエイティブなビジュアルポスターを作ろうとしているようなときなど

は、必ずしも一回でデザインやコピーがビシっと決定するわけではありません。どんなに力を入れてデザインしたとしても、クライアントが思っていたイメージと違ったから修正してほしい、ということもあります。

このようなクリエイティブのアイデアを練り直すのには時間がかかりますから、会議の時間内で「もうひと案出してください」というわけにはいきません。この場合は「一度持ち帰る」ことになるでしょう。

ただし、そのようなケースでも、**仕事が速い人は、きちんと「修正の方向性」をすり合わせてから持ち帰ります**。「どこがイメージと違ったのか」を共有してから持ち帰るのです。そもそも「ターゲットの理解がずれているのか」、もしくは「ポスターの訴求ポイントがずれているのか」など、どこに修正のポイントがあるかを把握しないまま帰ってしまうと、次もまたずれた提案をしてしまう可能性があるからです。

クライアントが求めていることの理解度が高ければ高いほど、次の提案のクオリティがあがるはずです。「ずれていることがなにか」を明確にし、そのうえで持ち帰るようにしましょう。結果的にその先の時間を短縮することにつながります。

その場で意思決定するためには？

NG

すぐに「持ち帰る」「検討する」と言うのをやめる

「持ち帰る」「検討する」と言わなくてはいけないのは、先読みができていない証拠。事前にシミュレーションをして、できる限りその場で意思決定できる準備をしましょう。

OK

持ち帰らなくていいように準備しておく

やむなく「持ち帰る」場合でも、社内でなにを議論し、どのような代案を出せばいいのかの方向性を相談しておきましょう。

33 会議で決まったことはすぐやる

会議後に、決定したアクションを実行せずにほったらかしにしていては、多くの人からの信頼を損ないます。また会議で決まったアクションを実行するのが遅いということも、関係者から不信感を持たれてしまいます。

「あとで資料をお送りします」と言ったらすぐやる

仕事の速い人は、会議で決定したことは、すぐに着手するように意識しています。

たとえば「あとで資料をお送りします」と言ったら、会議が終わったあとにすぐにメールをします。こうした行動が、周囲の人の期待値を上回ることにつながり、信頼をますます高めることになるのです。

そもそも会議の目的は「仕事の成果をあげるためになにをすべきかを決めること」

です。決まったアクションにすぐとりかからないのでは、会議の意味もありません。会議で決定したアクションプランは、人件費と時間というコストを投じて合意したリターンですから、実行しないまま放置しておくという選択肢はそもそもありません。もし、アクションプランが明確になっていないのであれば、会議の進め方や議事録の取り方に問題がありますので、見直しましょう。

自分のアクションを確認して、期日までに余裕を持ったスケジュールの見通しを立ててください。

自分一人で決定できないことは時間に余裕を持つ

アクションプランの中でも、自分一人だけでは決定できないことは、できるだけ余裕を持ってとりかかりましょう。関係者に相談したり確認したりしないと仕事を進められないことから、先に進めてください。

いざギリギリの仕事を進めてやっとできたと思っても、最終決裁をもらわなくてはいけない上司が外出や出張でいないとなったら、期日に間に合いません。初めてやる仕事と、一人でできない仕事は、いつも以上に余分な時間を確保してください。

仕事の速い人がすぐに着手する三つの理由

会議で決まったアクションプランに限ったことではなく、全般的に言えることですが、仕事が速い人は、とにかく着手が早いという共通点があります。

早く着手することのメリットは三つあります。

一つめは、スケジュールの見積もりを大きく外すことがないこと。一度手をつけておくと、時間がかかりそうかどうか、おおよその見当がつきます。逆に、着手が遅い人は「思ったより時間がかかった！」などと徹夜をしてしまうのです。

二つめは、着手を早くして、60点程度の段階で人にアドバイスを求めれば、その人の知恵を借りてより質の高い成果物を作ることができます。ギリギリになって一人で取り組むよりも、クオリティが高い仕事ができるのは言うまでもありません。

三つめは、予期しないトラブルに余裕を持って対応できることです。早めに着手していれば、時間的にも精神的にもすぐ対応できる余裕があります。

会議で決まったことは、早めに完了させるのが理想です。完了とまではいかなくても**早めに着手さえすれば、時間を正確に見積もり、予期せぬトラブルにも余裕を持って対応することができます。**

会議の成果をすぐに出すには？

NG

会議の後、
すぐ実行にうつさないのをやめる

決まったことをすぐに実行にうつさないのでは、会議をした意味がありません。会議そのものは、仕事に成果を生みだすものではありません。実行までともなってはじめて仕事成立と考えましょう。

OK

会議の後、すぐに実行にうつす

仕事が速い人は、会議のあとに即座に実行にうつします。とくに、自分だけでは判断しきれない「後工程」がある場合は、余裕を持って早めに着手します。

34

ビデオ会議は対面以上に相手への配慮を

最近では、スカイプやハングアウトなどを使ったビデオ会議も増えてきました。物理的な距離が離れていても顔を見ながら会議ができるので、仕事を速く進めるうえでは、非常に有効な手段の一つとなっています。

しかし、同じ空間で話し合う対面の会議に比べて、ビデオ会議はどうしてもコミュニケーションの密度が低くなります。

普段の会議に比べて、ビデオ会議の場合は、いつも以上に相手への配慮が必要です。コミュニケーションがすれ違わないように注意しながら会議を進めましょう。

電波、背景、音声の確認を念入りに

私もスカイプを使ったビデオ会議をよくしますが、いくつか気をつけていることがあります。

まずは当たり前のことですが、**電波状況のチェック**です。電波が弱いところだと、途中で会議がとぎれてしまう可能性があるので、電波に問題がない場所を選びます。

ビデオ会議とは言え、開始時間にスタートしなくてはいけないのは、対面の会議と同じです。5分前にはセッティングを終えて、定時にはオンにできるようにしておきましょう。時間になって「パスワードを忘れちゃってログインできない！」などとあわてるようなことがあってはいけません。

もう一つ気をつけているのは、**背景**です。たとえば、本がぎっしりつまった本棚を背景にするよりは、白い壁を背景にしたほうが、見ている相手にとっては余計な情報がなくて、話しやすいはずです。

ビデオ会議の場合、怖いのは聞き違いです。面と向かっているときにはあまり起こらない聞き違いも、ビデオ会議ではよく起こります。ですから音声は大事にしなくてはいけません。**パソコンの音そのままではなく、ヘッドセットをつけて声を聴きやすい状況を確保しましょう。**背後がうるさい場所にセッティングしてしまうのは、論外です。

海外とのビデオ会議は時差にも配慮する

海外とのビデオ会議が日常的な人もずいぶん増えました。海外との会議は、時差はもちろんのこと、それぞれの国の習慣にも配慮しなくてはいけません。

日本とアメリカは時差が大きいので、双方が常識的な時間に会議できるタイミングは、それほど多くありません。とくに、日本人が忘れやすいのがサマータイム（アメリカではデイライト・セービング）。相手に負担のない時間設定を心がけましょう。

また、宗教的な習慣への配慮も必要です。お祈りの時間や、ラマダンの時期を避けることも、海外とのビジネスでは考えていかなくてはいけません。

ビデオ会議をうまくやるコツは？

NG

準備の悪い状態でのぞむのをやめる

電波や背景、音声などに不備があると、対面会議以上に齟齬が生まれやすいのがビデオ会議。準備はしっかりと。

OK

準備万端で相手の環境にも配慮する

相手の立場に立って、会議しやすい環境設定を心がけましょう。時差や宗教的事情の配慮も忘れずに。

column

4

「ホワイトボード」を使い倒す

会議の目的がいつの間にか見失われている。認識にギャップがあって溝が埋まらない。このような状態に陥ってしまうと、会議の生産性はどうしても低くなってしまいます。

そこで活用すべきアイテムが「ホワイトボード」です。

まず、会議が始まるときに、ホワイトボードに会議の要点を書いておきます。会議の予定時間、目的、主な議題の三つを書くといいでしょう。これらを書いておくだけで、本筋と関係のない議論が出てきても、「今日の目的は役割分担の決定なので、また別の機会にお話をしましょう」と言うことができます。

会議が始まって、参加者がそれぞれの意見や見解をぶつけあっていると、根本のところにズレがあるケースがあります。このズレの正体を、ホワイトボードを使って可視化し、解消するための方法を探ることができます。

「ホワイトボードで整理してみましょうか？」とひと言ことわって、マトリクスやフロー図などを使って整理すれば、認識のギャップを埋めることができます。

ホワイトボードの使い方がうまい人は、仕事が速い。これはあらゆる企業のハイパフォーマーに共通する事実です。

なお、少人数の打ち合わせで、部屋にホワイトボードがないときには、同じ要領でノートを使うのもおすすめです。少しでもわかりづらいことにあたったら、何かに書いてみて共有することで打開していきます。

ホワイトボードやノートをスマホのカメラで撮影して議事録代わりにするのもおすすめです。

第5章

「資料作成」は必要以上に時間をかけない

35 資料は読む人の目線に立って書く

仕事の速い人は、資料作成に必要以上の時間をかけません。時間をかけずによい資料を作る最大のポイントは、その資料を読む人の目線に立って作成することです。相手がすぐに理解できて、知りたいことがしっかり書かれている資料を作るように心がけましょう。

どんな資料でも「受け手の読みやすさ」を最優先に

みなさんが資料を作るシーンは、どんなシーンでしょうか。

社内向けのリサーチ資料や企画書・報告書、営業成績の進行管理表、外注先に出す発注書や仕様書、クライアントへの提案書、顧客に対してのプレゼン資料……など、資料自体はいろいろな目的でさまざまなフォーマットがあるでしょう。

どんな資料を作るときでも、仕事が速い人が意識している大原則があります。それは、**「受け取る相手の立場に立って考える」**ことです。

「花は観手《みて》に咲く」。これは、能役者の世阿弥の言葉です。「花そのものは自分がきれいに咲いているとは思っていない。見る人がきれいと感じるからこそきれいなのだ」という意味です。つまり、能では、演じる人がどんなにいい演技をしたとしても、観ている人がいいと思わなければ意味がないと世阿弥は言っているわけです。

この考え方はビジネスにも通じます。コミュニケーションは相手に伝わって初めて成立するものです。**どれだけ思い入れをもって時間をかけて作成してよい資料を作ったつもりでいても、読む相手にとって読みにくいものであれば、その資料はよい資料とは言えません。**つねに相手の立場に立って資料を作ることを最優先しましょう。

ストレスのない資料を作る

受け手がストレスを受ける資料とは、どんな資料でしょうか。

たとえば、文字が細くてぎっしりつめこまれて、読む気にならないもの。文字のフォントが統一されていなくて見づらいもの。自分だけがわかるカタカナ言葉や業界用語で説明してしまっているもの。検討するための論理が弱く、データが足りないもの……。まだまだありそうですが、相手の立場から考えるだけで、どんな資料が読みにくいかが想像しやすくなるはずです。

逆に、読みやすい資料は、結論から先に述べられていて詳細の目次があったり、文字だけではなく図解で視覚的に理解しやすい工夫がされていたり、一番大事な数字が一番見やすく配置されていたりします。

ロールプレイングして資料の「使いやすさ」もチェックする

資料をもとに説明するのであれば、その資料をもとにロールプレイングすることがおすすめです。そうすれば、資料の「使いやすさ」をチェックできます。

私も営業研修などでは社員の方々にロープレをしていただきます。具体的には、営業役と顧客役に分かれて、実際のようにやりとりをしてもらうのです。口に出して説明してみることで、資料の順番を変えたほうがいいと気づいたり、データが足りないとわかったりします。

実際に資料が使われるシーンを想定するのも、よい資料を作るための近道です。

よい資料を作るコツは？

NG

「一人よがり」な資料を作るのをやめる

読みにくい資料はたいてい一人よがりです。資料は自分のためにあるのではなく、それを読む人のためにあることを意識しましょう。

OK

相手のためにわかりやすい資料を作る

仕事が速い人は、相手がなにを疑問に思い、なにを知りたいと思うのかを理解したうえで資料作成します。読む人の視点で資料を作れば、会議やプレゼンもスムーズにいきます。

36

企画書は前例を下敷きに作成する

企画書など、決裁承認を得るための資料の作成に時間がかかっていませんか。

企画書は、成果を出すための一連のプロセスのなかでも重要度の高いものです。それだけに見落とされがちなのが、企画書は企画を動かすゴーサインを得るための手段にすぎないという点です。

仕事の速い人は、企画書を手段だと理解してスピーディに作成し、決裁者からすんなり承認を受けています。その秘訣はどこにあるのでしょうか？

オリジナリティの発揮へのこだわりを捨てる

企画書や提案書は、クリエイティブな資料だとイメージする人も多いでしょう。実は、企画書や提案書にもオリジナリティの必要な部分とそうでない部分があります。

たとえば、社内決裁を得て予算を引き出す目的で「販促プラン」を企画書にまとめることになったとしましょう。

このときに、やってはいけないのは、自分の頭だけで考えて、ゼロから資料を作ろうとすることです。このやり方では、時間がかかってしまい、その企画の先にある成果を生み出すプロセスに入るまでに時間がかかってしまいます。決裁を得るのに時間がかかっているのであれば、その原因の多くは、オリジナリティを発揮することにこだわって、決裁承認のポイントをうまくつかみ切れてないことにあります。

前例をもとに「型」を見出す

「クリエイティブ=型がなくオリジナリティを発揮すべきもの」というのは誤解であって、型がないように見えるだけです。

仕事の速い人は、その決裁承認を得るための「型」を見出そうとします。

販促プランを企画書にまとめるときには、まず自分が進めようとしている企画と、クライアントの業界や予算規模など近い要素のあるものに注目し、これまで上司や先輩たちの書いた企画書のなかから参考となる前例を探します。場合によっては、作成者からそのフォーマットをもらいます。これは、社内決裁を得て予算を引き出すための「型」を把握するためです。企画資料の論旨展開や、決裁者の判断基準、文章やビジュアルのトーンなどの「型」を確認するのです。

そのポイントを、自分が進めようとしている企画にあてはめて、どう利用すればいいかを考えます。そのうえで企画のオリジナリティを表現することを考えるのです。これをしっかりやっておけば、結局自分の言いたいことだけが盛り込まれていて、決裁者が判断するのに必要な情報がそろっていないということはまずないでしょう。

仕事の速い人は、企画書などのクリエイティブで自由度の高い資料であっても、うまく「型」を盗んで、それを応用して、企画書をすんなり通しているのです。なかなか企画書で決裁の承認を得られない人は、ぜひ「型」を意識してみてください。

企画書を効率的に作成するには？

NG

オリジナリティを勘違いして
ゼロから資料を作るのをやめる

なんでもゼロからスタートするのは時間がかかります。資料は「読み手に伝わること」が最重要。すべて自己流で作るのではなく、前例があるのならば、第三者のアドバイスを大事にしましょう。

OK

社内資料や先輩のアドバイスを
参考に資料を作る

仕事が速い人は、時間を短縮できる部分は短縮します。過去のフォーマットや先輩のアドバイスを参考にして、資料づくりには時間をかけません。

37 最初からエクセルで資料を作らない

エクセルやパワーポイントで資料を作成するとき、いきなりパソコンで作業を始めていませんか？　仕事が速い人は、パソコンを開く前にまず、全体の設計図を考えます。最初に全体を見渡してから、詳細をつめていくほうが、スピーディにわかりやすい資料を作ることができます。

アナログ→デジタルの順で資料作成する

ゼロからなにかを発想して、全体を俯瞰して設計図を作るような作業は、紙とペンを使ってやるほうが効率がよいでしょう。

たとえば、自分のクライアントのデータをエクセルの表でまとめたいと考えたとしましょう。そして、上司や先輩にもそのような資料を作っている人がいなかったとしましょう。

エクセルではじめて作る資料は、その目的を確認したら、次に紙とペンを使ってフリーハンドで全体の設計を書き出しましょう。**最初に全体の設計をし、最終のアウトプットを決めてから、逆算して資料を作る**のが鉄則です。

エクセルでの資料作成は、便利なように思えて実は制約が多いのです。

最大の問題は、関数を入力する場所にあります。全体像を固め切れずにいると、何度も位置を調整することになり、エクセルの関数も一緒に調整する必要が出てきます。こうした調整作業によるミスをなくすためにも、事前にエクセルで作成する資料の全体像をしっかり固めておいたほうがよいと言えます。

くわえて、大きなエクセルの表は、全体を見ようと思ったら下にスクロールをしなければいけなかったり、次のページを表示しなくてはいけなかったりすることもあります。これは、全体を俯瞰するのには向いていません。

それに対して、手書きなどの、アナログのいいところは、自由度が高いということです。行数や文字の大きさに制約がありません。そのため、発想も自由になります。

一方で、グラフやフォントなど、見た目を整えるのはやはりデジタルが向いています。設計図ができて、アウトプットの方向性やイメージが決まったら、パソコンを開いて実際に資料を作っていきましょう。

アナログとデジタルの、それぞれの特徴を理解して、適切な方法で最終アウトプットにたどり着きましょう。

エクセルの基本は早めに勉強しておく

エクセルをよく使う人は、早めに基本をしっかり押さえておきましょう。

本を読むのはもちろんですし、どんな関数があるか、それをどうやって活用するかなどを、しっかり頭に入れておきましょう。

私の経験上、こんな関数があれば便利なのにと思うようなことは、調べればだいたい見つかります。**エクセルの関数一つで処理できるものを、時間と手間をかけて、手入力でやるのは、非常にもったいない時間の使い方です。**エクセルでの資料作成を効率化するためにも一度、しっかり使い方を勉強しておくようにしましょう。

エクセルを使うときの注意点は？

NG

エクセルを開いて いきなり考えるのをやめる

仕事が遅い人は、全体像が見えないうちに資料を作ろうとします。ディティールに凝るよりも先に、ゴールとなる最終形を確認しましょう。

OK

エクセルを開く前に 全体の設計を考える

仕事が速い人は、資料の最終目的を確認し、全体の設計をしたところで、はじめてパソコンでの資料つくりに入ります。

38 文字だけですべてを説明しようとしない

仕事の速い人は、資料に図やグラフなどのビジュアル要素を盛り込み、うまく活用します。そのほうが相手にひと目で理解してもらえることが多いからです。そうすれば成果をよりあげやすくなり、相手にスマートな印象を与えやすくなります。

ここでは資料で活用しやすい図をいくつか紹介しておきましょう。

すぐに取り入れられる「矢印」と「フロー図」

まず使いこなしてもらいたいのが「矢印」です。ビジネスでは、「AだからBである」という因果関係を説明する機会がよくあります。そのときにAとBを矢印で結んで、「A→B」と図で表現すれば視覚的にも理解してもらいやすくなります。AとBが反対の概念のときには「A↔B」で結ぶのも効果的でしょう。矢印で結ぶのは、シンプ

● 矢印だけですぐに作成できるビジュアル ●

因果関係

「A だから B である」

対立・矛盾

「A と B は正反対だ」
「A と B は矛盾する」

ルながら使える場面が多くて便利です。

フロー図も使いやすくて便利です。フロー図は文字通り流れを図で表現するものであり、時間の流れや顧客の行動の流れなどを表現できます。そのポイントでどのようなことを意識すればよいかを整理したいときに便利です。たとえば、「会議前、会議中、会議後」をフロー図にして、やるべきことを整理して、説明する方法もあります。

マトリクスやポジショニングマップで「見える化」する

私はクライアントにコンサルティングするときは、「マトリクス」と「ポジショニングマップ」をよく使います。

マトリクスは、「すぐやるべきこと／あとでいいこと」×「得意（好き）なこと／苦手（嫌い）なこと」のように2×2の4象限に分けて整理することです。そうすれば、全体を抜け・もれなく網羅し、分類することができます。

マトリクスは、2×2の4マスで比較検討するものだと思われがちですが、このマスは6でも8でもいいものです。たとえば、左の表は6マスのマトリクスです。オンライン（ネット）と、オフライン（リアル）で、どのように集客して商品を売るか、ビ

● うまく活用したいビジュアルの一例 ●

フロー図

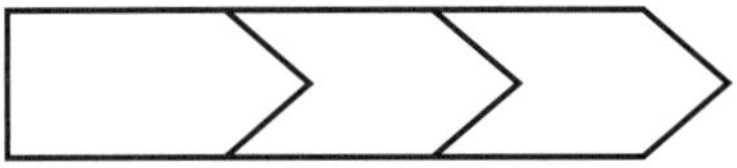

プロセスの流れを表現する

マトリクス

	得意(好き)なこと	苦手(嫌い)なこと
すぐやるべきこと	A	B
後でいいこと	C	D

	リサーチ	集　客	メイン商品
オンライン	ウェブアンケート	ブログ	動画販売
オフライン	アンケート	セミナー	コンサルティング

全体を網羅しつつ整理する

ポジショニングマップ

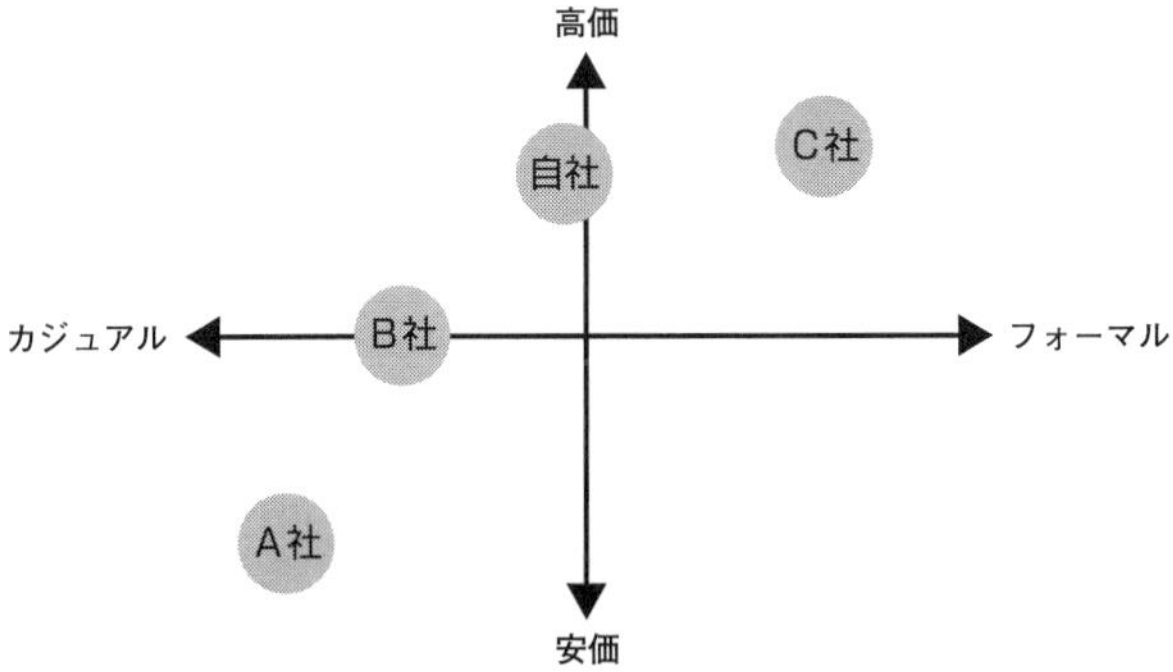

自社と競合企業の立ち位置を確認する

ジネスモデルの説明をするときに使うマトリクスです。
ポジショニングマップも、立ち位置を整理するときに便利です。マトリクスが全体を網羅的に見るのに適しているのに対して、ポジショニングマップは、相対的に比較をするときに使うものです。ライバル社と自社の商品比較などでは、このようなポジショニングマップがわかやすいでしょう。自分たちがいるべき位置や、狙うべき場所がわかりやすくなります。

このように、資料に図解を入れていくと、文字だけで説明するよりも課題や提案がよりわかりやすくなります。もちろん図を書く場合にも、いきなりパソコンに向かうのではなく、最初にフリーハンドで設計図を書くと結果的に時間が短縮されます。

資料をもっとわかりやすくするには？

NG

「文字」ばかりで説明しようとするのをやめる

文字ばかりの資料が必ずしも悪いということではありません。図やグラフなどのビジュアルを活用すれば、相手にスピーディに理解してもらえる可能性がより高まります。

OK

矢印、フロー、マトリクスなど「図」が入っている

仕事の速い人は、文字情報を図でわかりやすく説明できないかを考えて工夫します。フロー図、マトリクスやポジショニングマップなどを活用しましょう。

39

最初から完璧を目指さない

仕事の速い人は、最初から完璧な資料を作ろうとしません。そもそも「完璧な資料」がどういうものかという認識に、仕事の速い人とそうでない人のあいだには大きな差があります。

67％の「ドラフト」を一度上司に見せて骨格を確認する

資料を作成するときに、決裁者や上司から「一発ＯＫ」をもらえる１００％の資料を作ろうとすると、どうしても時間がかかってしまいます。決裁者に承認をもらうことは仕事のプロセスの一つであり、その目的はその資料をもとにスタートする仕事での成果を最大化することにあります。承認を得るまでの時間を短縮できるにこしたことはありません。

上司から修正の指示を受けることを嫌がる人が多いようですが、自分一人では気づくことができない視点を上司からもらえるのですから、むしろ歓迎すべきです。指摘されているのは、自分の能力の足りない部分ではなく、資料としての足りない部分だと割りきって考えて差し支えないでしょう。

資料での修正指示をなくすための秘訣は、完成度67％のたたき台、いわゆる3分の2の完成度のドラフトを、修正可能な日数を計算したうえで見せることです。

67％のドラフトとは、「いい加減な資料」ということではなく、「上司が骨格を把握できる状態の資料」だということです。

たとえばマーケティング企画の提案書であれば、「どんな人に、どんなアプローチで、どのぐらいの予算を使って、どのぐらいの効果が期待できるか」などの要旨を箇条書きでまとめて上司に見せれば、上司が判断するための骨格を提示できます。

「修正可能な日数＋一日」で一度提出する

67％の資料を一度チェックしてもらうタイミングも重要です。資料の目的を確認し、上司や先輩にアドバイスをもらったり、前例をチェックしたりしていれば、この時点で「全然方向性が違う」と言われる可能性は少ないはずですが、それでも「もっとデータを増やして」などの指示はあるかもしれません。ですから、**最初に骨格を示して意見を聞くのは、「修正可能な日数プラス1日」を目安にするといい**でしょう。

最悪のパターンとして「全然方向性が違う」と言われたとしましょう。3分の2まで作って、それを全部やり直しと言われたら落ち込むかもしれません。二度手間になり、余計な時間がかかってしまったと思うかもしれません。

でも、考えてみてください。もし、「全然違うよ」と言われたのが、それが資料提出の当日だったとしたら……。

仕事が速い人は、そのようなアクシデントがあっても対応できるように、バッファをとって仕事を進めています。

上司からの修正指示は仮説とのズレを検証する

上司や先輩から指示を聞くときには、「私はどうすればいいのでしょうか？」などと、主体性のない質問をしてはいけません。このような「指示待ち」は、ビジネスの場ではふさわしくありません。

「私は2案考えました。そのうちのA案でいきたいのですが、よろしいでしょうか?」と自分の意見や考えをはっきりさせたうえで質問すべきです。自分の意見を考えてから、その考えや行動について、上司や先輩の判断をあおぐのがいいのです。

上司から修正指示を聞くときには、具体的に聞くことを意識してください。かりに上司からダメだと言われた場合には、すぐに引き下がってはいきません。そのときこそ、自分の仮説を上司に説明すればよいのです。「こういう根拠でぜひ実現したいと思ったのですが、それでは不十分でしょうか?」と自分の意見を伝えれば、「自分の仮説のなにが不十分だったか」のフィードバックがもらえるはずです。

英語では、これを「GO or NOT GO」という言い方をします。「いい、悪い」というような曖昧な判断ではなく、「やるべきか、やめるべきか」という判断をあおぐことで、のちのちのすれ違いを防ぐことができます。

上司に「その方向で進めていい」と言われれば、それは言質がとれたということです。念を押すのであれば「先ほどはありがとうございました。この方向で進めます」などと、一本メールを打つのも場合によっては有効でしょう。

早く仕上げて「カラーバス効果」を得る

資料を早めに仕上げておけば、さらにブラッシュアップすることも簡単です。

心理学用語で、「ある色を意識するようにすると、その色のものばかり目にとびこんでくる効果」のことを**カラーバス効果**と言います。

情報も同じです。強く意識していることほど、それに関連する情報が自分のところに舞い込んでくることはないでしょうか？　これもやはり、カラーバス効果です。

資料を作るときに、まず67％まですばやく仕上げるメリットは、このカラーバス効果を得ることができる点にもあります。

「この資料のために、こんなデータがほしい」と思っていると、**不思議とそのようなデータが集まってくる**ことがあります。3分の2まで作って余裕を持っていることによって、このようなカラーバス効果で集めてきた情報も、資料に盛り込むことができるようになります。これは、ギリギリで資料を作成している仕事の遅い人には気づけない情報です。

資料の完成度をあげるには？

NG

最初から100％の完成度を目指すのをやめる

仕事が遅い人は、骨格だけではなく装飾まで全部完成させてから人の意見を聞きます。もし方向性が違った場合の修正は膨大になります。

OK

骨格を固めた67％のドラフトで人の意見を聞く

仕事が速い人は、3分の2の完成度を目安に、人の意見を聞きます。客観的な視点を取り入れることで、資料の完成度はあがり、また見当違いの資料を作るリスクもゼロに減らします。

40 ブラッシュアップを加えてノウハウを蓄積する

仕事の速い人は、資料がどのように受け止められたかを確認し、そのつど修正を加え、次の仕事に役立たせます。

資料は作ること自体が目的ではありません。その資料を使って「成果を出す」ことが目的です。「できた！」と完成したことに満足するのではなく、その資料が目的を果たしたかどうかを振り返って、次に活かすことが大事です。

資料は「永遠のベータ版」だと考える

近年、マーケティングの世界では、顧客を「満足」させることだけでは不十分で、顧客に「感動」を提供することが、企業の競争優位の源泉につながるという考え方が広まっています。その一つが**「永遠のベータ版」**という考え方です。つまり、より顧客にすばらしい経験を提供するためには、**中長期的に見れば本当の意味での完成はなく、研磨し続ける余地が永遠にある**ということで、永遠のベータ版と呼ばれます。

この考え方は、なにも企業の戦略においてだけではなく、ここでのテーマである資料作成にもあてはまります。一度、資料を完成すれば終わりというわけではなく、次の機会があったときに、より満足や感動を提供できるかを考える必要があります。

たとえば私の場合、講演で使うプレゼン資料があります。テーマが同じであっても、毎回対象に合わせて調整するため、過去に使ったスライドをもとに毎回対象に合わせて調整を重ね、ブラッシュアップして講演にのぞむようにしています。

その際、新たにスライドを作るときには「この間、このスライドに対して質問が出たな」とか「ここはもう少していねいに説明したほうがいいから、もう一つデータを加えよう」などの判断をしながらカスタマイズしていきます。

それができるのも、前の講演のときに、振り返りをしているからです。その時点でのベストを尽くして資料を作成しながらも、永遠のベータ版と考え、**修正とブラッシュアップをくり返し、ノウハウをどんどん蓄積することによって、より高い満足度、ひいては感動につなげていくことができる**のです。

相手の本音を知りたいときは「不満」を聞く

資料を配布し、その説明をしたときには、相手がどのようにその説明を聞いているかをしっかり確認してください。もし、内容が伝わりにくかったのであれば、その部分の資料の見直しをしなくてはいけません。相手が求める「当たり前品質」の資料を作成できていないということですから、すぐに対策を講じることが求められます。

相手の本音を聞きだすために有効な方法として、「満足を聞く」のではなく「不満を聞く」という手法があります。「今回の提案資料はご満足いただけましたか？」と聞くと、多くの人は「はい」と答えるしかありません。多少不満があっても、目の前の相手に気をつかう人も多いでしょうから、聞き出すことはむずかしくなります。

そこで、聞き方を工夫するようにします。

「今回の提案資料で、○○の部分は、わかりにくくありませんでしたか？」

「ほかにわかりにくかったところはどこですか？」

と具体的に聞くと、相手は要望や意見を言いやすくなります。

「なにか質問はありますか？」

と聞くのも大切です。相手からの質問は、相手の知りたいことや興味のあることを知るチャンスです。質問を受けたところはしっかりメモしておいて、資料に入れたほうがよいかどうか、検討しましょう。

相手にとってわかりにくかった部分を聞き出すのは、勇気がいることかもしれません。しかし、相手に提供すべき品質に達していないことの現れですので、その意見は必ず次の仕事に役立ちます。

目の前の相手を「行動観察」すれば理解度がわかる

相手の行動を確認することも有効です。

たとえば、目の前の相手の反応を意識的に確認すれば、理解度はだいたいわかるものです。わかりにくそうな表情をしているときや、つまらなさそうに腕組みをしているときは、やはり資料とその発表方法を見直す必要があります。

逆に、説明したことを熱心に資料にメモしてくれているようだったら、そこは相手の興味が強かった証拠です。もっと時間をとってプレゼンしたり、資料を深めたりする余地があるかもしれません。

アンケートは「自由記述欄」にヒントあり

人前で話す機会のある人はアンケートをとるのもおすすめです。

私も講演では、必ずアンケートをとるようにしています。このとき注意するのは、満足度で「5・4・3・2・1」を聞くような定数調査は参考程度にとどめておくことです。このような定数調査は少なくとも数百人規模の母数がないと、統計的な有意性はなく、実はあまり意味がありません。「この間平均で3.5だった満足度が4.3にあがった」と計算しても、観客が百人程度だったら、ミスリードを呼ぶだけです。

それよりも大事にしているのは定性調査と呼ばれる「自由記述欄」です。私の場合は「登壇者への応援コメント」と「気づいたこと」の二つを必ず入れることにしています。自由記述だと、多くの人は記入してくれないのですが、「登壇者への応援コメント」とあると、記入される率が高くなります。そのうえで「気づいたこと」という質問を入れることで、次回につながるポイントが見つかります。

資料は相手の反応や行動を見て、「うまくいかなかった部分」は改善し、「うまくいった部分」はさらに研磨し、相手に感動を提供できるように振り返ってみてください。

資料作成のスキルを磨くには？

NG

毎回同じ資料を使いまわすのをやめる

毎回同じ資料を使いまわすのは、仕事が遅い人。資料の理解度、提案の満足度を調べて改善していきましょう。

OK

「振り返り」で修正を加えて「使える資料」に磨き込む

一度作った資料から学んでいくのが、仕事の速い人。耳と目を使って相手の理解度をチェックし、随時ブラッシュアップしていきます。

column 5 仕事の速い人は「非効率」も大切にする

仕事の速い人は、効率よく仕事を進める一方で、一見回り道に見えるような時間の使い方をします。それは、この本で何度もくり返してきたように、仕事の本質が「成果を上げること」だからです。

効率化は、必ずしも仕事の成果と結びつくとは限りません。

こなす仕事の「作業」は早く終われば早く終わるほどいいのですが、仕事の価値を高める「価業」に関しては、一見遠回りに思える下準備や事前リサーチ、キーパーソンとのネゴシエーション（交渉）が大きな結果につながる場合も多々あります。

たとえば、仕事が速い人ほど手書きのお礼状を書くようにしていたり、後輩をマメに誘って飲みに行ったりしています。これらの時間は非効率に思えるかもしれませんが、仕事相手と円滑な人間関係を築くことは、仕事の成果に大きく影響します。

なにがなんでも「時短主義」で効率一辺倒では、相手の信頼を得ることができなかったり、また一緒に仕事をしたいと言ってもらえなかったりするかもしれません。

さらに、仕事が速い人の最大の特徴は、プライベートを充実させているということです。休みをしっかりとり、趣味や旅行に時間を使える人は、きまって仕事の速い人です。

社外の世界で得た知識や多様な考え方は、仕事の刺激にもなります。この時代、多様性に対応できない人は厳しい状況におかれます。彼らは仕事以外に過ごした時間が、人生を豊かにしてくれることはもちろん、最終的には自分の仕事にも還元できることを知っている、本当の意味での「デキる」人なのです。

おわりに

「理央さん、いったいいつ寝ているのですか？」

本来マーケティングを生業としている私が、「時間の使い方」について書くことになったきっかけのひと言です。

私はコンサルタント、大学教授、著者という三つの「仕事」をしています。一方で、趣味の料理や映画鑑賞という「自分の時間」を楽しんでいることを、フェイスブックやブログなどで発信しています。私が文字通り東奔西走していることをよく知っている友人たちからは「どこに時間があるんだろう？」とよく聞かれます。

確かに私は、東京での仕事と大阪での講義があるので、月のうち地元名古屋にいるのは半分くらい。大忙しに見えるでしょう。でも、毎日はとても充実しています。私の一日は愛犬パテくんの散歩から始まります。週に二日はアポを入れない日を作り、自社の将来や戦略を練ったり、読書や買い物にあてたりしています。週末は「リオズ・キッチン」と称して、趣味の料理を楽しみます。

不思議なもので、仕事が順調だとプライベートも充実します。「順調だな」という心の余裕がいい発想につながり、また仕事に反映できるようになり、成果につながります。よい循環を生み出す秘訣は、「時間よりタスク」と「人」の二つに尽きます。

時間を有効に使うにはまず行動の「中身」、すなわち「やるべきこと＝タスク」を明確にしなければなりません。

世の中には、すばらしい時間術の書籍や考え方が多くあります。しかし、あまりにも多い「手法」に振り回されている人も多いのではないでしょうか。時間は、過ぎ去ったら返ってこない、替えのきかない貴重な資源です。しかも、無限ではありません。誰もが24時間を持っていて、それ以上もそれ以下の人もいません。

どうしても日々忙しいとスケジュールを先に管理したくなります。上司や得意先からの無理難題や急ぎの仕事は先に片づけなければなりません。しかし、そんな忙しいときほど、ちょっとだけ落ち着いてタスク管理をしてみてください。

まずは、やるべきタスクを「すべて」洗い出します。次に、「不要」なことを捨てます。最後に、残りから「優先」順位を決めます。各タスクをどうさばくかという「戦略＝方針」を決めます。誰しもができないのが二つめの「捨てる」ことです。しかし、戦略を立てるということは、「捨てる」ことと同義語なのです。

「そんなことを言ってもすべて大事なのです」

と言う方も多いのですが、勇気ある撤退こそが仕事における成果につながるのです。

もう一つ大事なのは「人」です。ＩＴが発達し便利になりましたが、仕事は人がするものだからです。

私自身、会社員時代から「なぜこんなに忙しく自分の時間がとれないのだろう」と悩んでいた時期が長くありました。10社会社を経験した中で、滅私奉公に近い感覚で残業や休日出勤をしていたこともありました。一方で、朝早くには出社するものの、残業や休日出勤はない、という会社もありました。

振り返ると、前者には「根性〝だけ〟を優先する」残念な企業文化があり、後者は「すべきことが明確」なゆえに自己責任で時間管理をすればいい、という社風でした。

後者のような会社では、「デキる先輩」たちは、かならず「周りの人」のことを考えていました。空気を読み、予定調和で終わらせようとすることでは決してなく、長い目で全体を見回したうえで最適な解を見つけ出す、という感じです。自分だけよければいいというのではなく、どうすれば「後工程」の人もスムーズに仕事ができるかを考えたうえで仕事をしていました。

この本では、時間管理の方法やツールの紹介にとどまらず、ビジネスパーソンが持つべき考え方についても書きました。仕事の目的は「成果を出す」ことです。こだわるべきは成果であって、成果に至るまでのプロセスではありません。臨機応変に対応し、成果を出すことが重要です。別な言い方をすると「どうやってこなすか」というＨＯＷ（手法）よりも、「なぜこうなるのか」というＷＨＹ（そもそも論）を理解することこそが、スピーディに圧倒的な成果を出すことにつながるのです。

成果を出すためには、まず方針をしっかりと自分の中に持つこと。そして、人間関係をおろそかにしてはならないことを忘れないでほしいと思います。

最後に、本書の執筆をサポートしてくださったライターの佐藤友美さん、会社員時代に仕事の厳しさと楽しさを教えてくださった梶原勇介さん、マーケティングの楽しさを教えてくださった加倉井隆男さんのおかげでこの本を出版できました。

そして、いつもわがままで自分勝手な私を支えてくれている妻の弘子、いつも頑張っている息子の修一朗、ユーモアセンス抜群の会話力でうち中を明るくしてくれる娘の莉麻、こうやってお父さんが楽しく仕事ができ毎日を過ごせるのもキミたちのおかげです。本当にありがとう。

理央　周（りおう　めぐる）本名：児玉　洋典
マーケティングアイズ株式会社代表取締役・関西学院大学専門職大学院経営戦略研究科准教授
1962年生まれ。静岡大学人文学部経済学科卒業。大手自動車部品メーカー、フィリップモリスなどを経て、米国インディアナ大学にてMBA取得。アマゾン、マスターカードなどで、マーケティング・マネージャーを歴任。2010年に起業し翌年法人化。収益を好転させる中堅企業向けコンサルティングと、従業員をお客様目線に変える社員研修、経営講座を提供。
著書に『なぜか売れる　営業の超思考』『なぜか売れるの公式』『サボる時間術』（日本経済新聞出版社）、『最速で結果を出す人の戦略的時間術』（PHP研究所）などがある。
講演実績として、日本経済新聞社、宣伝会議、日刊工業新聞社、ダイヤモンド社、各地商工会議所、行政機関、ロータリークラブ、ライオンズクラブなど。テレビ東京、ZIP FM(準レギュラー)、朝日新聞、日経MJ、PHP The21、プレジデントなど、メディアの出演・掲載実績も多数。
ホームページ：http://www.businessjin.com/

仕事《しごと》の速《はや》い人《ひと》が絶対《ぜったい》やらない時間《じかん》の使《つか》い方《かた》

2016年２月20日　初版発行

著　者　理央　周

発行者　吉田啓二

発行所　株式会社日本実業出版社　東京都文京区本郷3－2－12　〒113-0033
大阪市北区西天満6－8－1　〒530-0047
編集部　☎03-3814-5651
営業部　☎03-3814-5161　振　替　00170－1－25349
http://www.njg.co.jp/

印刷／理想社　製本／共栄社

この本の内容についてのお問合せは、書面かFAX（03－3818－2723）にてお願い致します。
落丁・乱丁本は、送料小社負担にて、お取り替え致します。

ISBN 978-4-534-05352-7　Printed in JAPAN

仕事力にますます磨きがかかる本

売れる販売員が絶対言わない接客の言葉

平山枝美　定価本体1300円（税別）

「接客の言葉」を変えるだけで売上は上がる！ＮＧフレーズとOKフレーズを対比し、どのように言い換えればよいのかを、現場の販売員から絶大な信頼と支持を集める著者がわかりやすく解説。「あなたから買いたい」と思わせる“言葉遣い”がすぐに身につく！

そもそも「論理的に考える」って何から始めればいいの?

深沢真太郎　定価本体1400円（税別）

広告会社に勤めるサオリが、数学を専攻する大学院生の優斗と出会い、論理的に考えるコツとポイントを身につけていくストーリー。「議論するため」「決断するため」「アイデアを生むため」など、さまざまな場面で使える考え方をゲーム感覚で学べます。

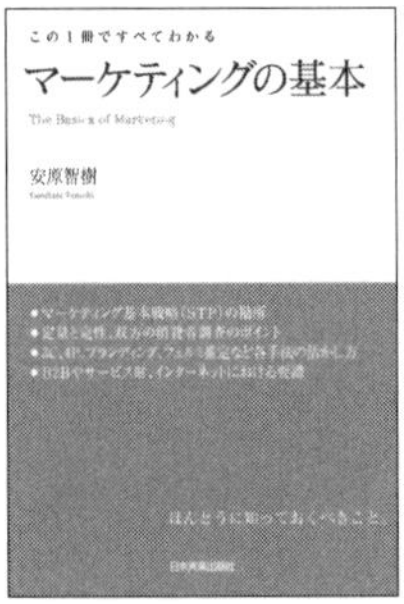

この1冊ですべてわかる マーケティングの基本

安原智樹　定価本体1500円（税別）

マーケティング業務の流れと、各手法の勘所をまとめた１冊。一般的な製品だけではなく、サービス財やＢ２Ｂでの新製品開発から既存商品育成、企業を横断した実務の進め方をまとめて解説。マーケティング（企画・広報・ＰＲ）担当者、コンサルタントは必携。

※定価変更の場合はご了承ください。